MW00895386

studio [21]

Das Deutschbuch

Deutsch als Fremdsprache

A1.1

von Hermann Funk
und Christina Kuhn

Übungen:
Laura Nielsen
und Kerstin Rische

Phonetik:
Beate Lex
sowie Beate Redecker

studio [21]
Das Deutschbuch A1.1
Deutsch als Fremdsprache

Herausgegeben von Hermann Funk
Im Auftrag des Verlages erarbeitet von
Hermann Funk und Christina Kuhn
Übungen: Laura Nielsen und Kerstin Rische

In Zusammenarbeit mit der Redaktion:
Dagmar Garve, Andrea Mackensen,
Nicola Späth (Bildredaktion), Regin Osman (Mitarbeit),
Gunther Weimann (Projektleitung)

Phonetik: Beate Lex sowie Beate Redecker

Beratende Mitwirkung:
Ayten Genc (Ankara); Sofia Koliaki, Andy Bayer (Athen);
Verena Paar-Grünbichler (Graz); Claudia Petermann (Jena);
Aurica Borszik (Kleestadt); Gertrud Pelzer (Mexiko);
Julia Evteeva, Irina Semjonowa, Elena Shcherbinina (Moskau);
Ralf Weißer (Prag); Luciano L. Tavares (Rio de Janeiro);
Priscilla M. Pessutti Nascimento,
Renato Ferreira da Silva (Sao Paolo);
Christine Becker, Barbara Ziegler (Stockholm);
Niko Tracksdorf (Storrs); Evangelia Danatzi (Thessaloniki)

Symbole

Hörverstehensübung

Ausspracheübung

Übung zur Automatisierung

Fokus auf Form,
Verweis auf die Grammatik-
übersicht im Anhang

Zusatzmaterialien im E-Book

Lernwortschatz

zusätzliche interaktive
Übungen zum Wortschatz

zusätzliche interaktive
Übungen zur Grammatik

Videoclips – Sprechtraining

Illustrationen: Andrea Naumann, Andreas Terglane: S. 20 (Lerntipp), 74 (Übung 1a), 75 und 134

Umschlaggestaltung, Layout und technische Umsetzung: Klein & Halm Grafikdesign, Berlin

Informationen zum Lehrwerksverbund **studio [21]** finden Sie unter www.cornelsen.de/studio21.

www.cornelsen.de

2. Auflage, 3. Druck 2018

Alle Drucke dieser Auflage sind inhaltlich unverändert
und können im Unterricht nebeneinander verwendet werden.

Druck: Grafisches Centrum Cuno GmbH & Co.KG, Calbe

ISBN: 978-3-06-520530-6

PEFC zertifiziert

Dieses Produkt stammt
aus nachhaltig
bewirtschafteten Wäldern
und kontrollierten Quellen

www.pefc.de

Vorwort

Liebe Deutschlernende, liebe Deutschlehrende,

studio [21] - Das Deutschbuch richtet sich an Erwachsene ohne Deutsch-Vorkenntnisse, die im In- und Ausland Deutsch lernen. Es ist in drei Gesamtbänden bzw. in sechs Teilbänden erhältlich und führt zur Niveaustufe B1 des Gemeinsamen europäischen Referenzrahmens. **studio [21]** bietet ein umfassendes digitales Lehr- und Lernangebot, das im Kurs, unterwegs und zu Hause genutzt werden kann.

studio [21] - Das Deutschbuch A1.1 mit integriertem Übungsteil und eingelegtem E-Book enthält sechs Einheiten und zwei Stationen. Jede Einheit besteht aus acht Seiten für gemeinsames Lernen im Kursraum und acht Seiten Übungen zum Wiederholen und Festigen.

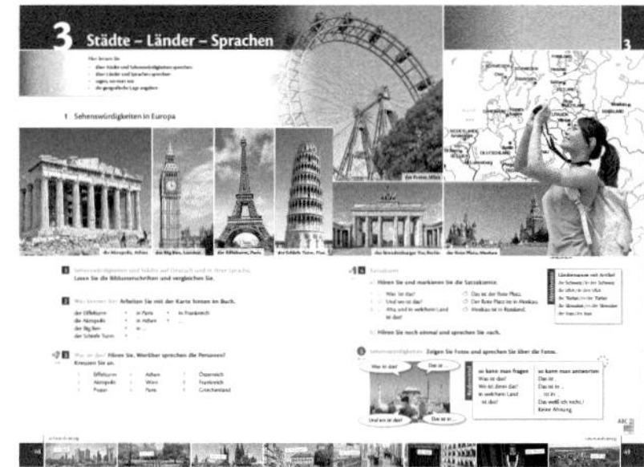
3 Städte – Länder – Sprachen

Jede Einheit beginnt mit einer emotional ansprechenden, großzügig bebilderten Doppelseite, die vielfältige Einblicke in den Alltag in D-A-CH vermittelt und zum themenbezogenen Sprechen anregt. Die Redemittel und die Wort-Bildleisten helfen dabei. Im E-Book können die Bilder in den Wort-Bildleisten vergrößert werden und die dazugehörigen Wörter sind vertont. Darüber hinaus kann der Lernwortschatz einer jeden Doppelseite angesehen werden.

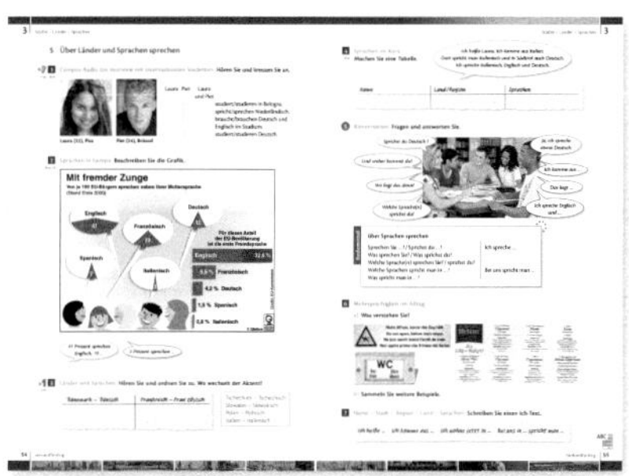
Mit fremder Zunge

Im Mittelpunkt der nächsten drei Doppelseiten stehen aktives Sprachhandeln und flüssiges Sprechen. In transparenten Lernsequenzen werden alle Fertigkeiten in sinnvollen Kontexten geübt, Grammatik in wohlüberlegten Portionen vermittelt, Phonetik und Aussprache integriert geübt sowie Wörter in Wortverbindungen gelernt. Zielaufgaben führen inhaltliche und sprachliche Aspekte einer Einheit jeweils zusammen.

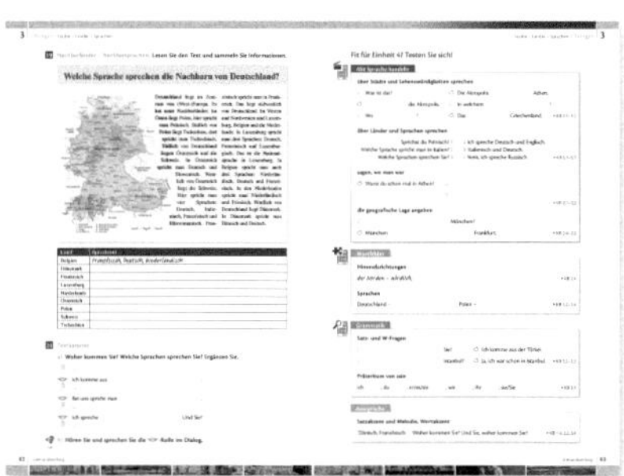

Die Übungen eignen sich für das Weiterlernen zu Hause. Auf der letzten Seite jeder Einheit kann der Lernfortschritt selbstständig überprüft werden. Das E-Book enthält alle Übungen auch als interaktive Variante. Es bietet zusätzliche Videoclips zum Sprechtraining sowie interaktive Übungen zu Wortschatz und Grammatik.

Nach jeder dritten Einheit folgt eine optionale Station, in der das Gelernte wiederholt und erweitert wird. Hier werden Menschen mit interessanten Berufen vorgestellt und Übungen zum Video angeboten. Die beiden Magazinseiten mit anregenden Texten und Bildern laden zum Verweilen und Nachdenken ein.

Wir wünschen Ihnen viel Spaß und Erfolg beim Deutschlernen und Deutschunterricht mit **studio [21] - Das Deutschbuch!**

Inhalt

Start auf Deutsch

Hier lernen Sie
- internationale Wörter auf Deutsch verstehen
- jemanden begrüßen
- sich und andere vorstellen
- nach Namen und Herkunft fragen
- Vor- und Nachnamen buchstabieren

1 Deutsch sehen und hören

a

b

c

d

1 1.02 Fotos und Töne. **Hören Sie. Wo ist das? Was kennen Sie?**

2 Fotos und Wörter

a) **Was gehört zusammen? Ordnen Sie die Fotos zu.**

1. ☐ Musik
2. ☐ Touristen
3. ☐ Büro
4. ☐ Supermarkt
5. ☐ Alpen
6. ☐ Rhein-Main-Airport, Frankfurt
7. ☐ Parlament/Reichstag
8. ☐ Pizza
9. ☐ Kasse
10. ☐ Natur
11. ☐ Telefon
12. ☐ Konzert
13. ☐ Computer
14. ☐ Restaurant
15. ☐ Airbus
16. ☐ Euro
17. ☐ Oper
18. ☐ Pilot

b) **Wie heißen die Wörter in Ihrer Sprache?**

e

f

g

h

i

j

3 Wer kommt aus Deutschland? **Hören Sie.**

1.03

2 Im Deutschkurs

1 Sich im Kurs vorstellen. Hören Sie und lesen Sie.

1.04

- Guten Tag! Ich bin Frau Schiller. Ich bin Ihre Deutschlehrerin. Wie ist Ihr Name?
- Hallo, mein Name ist Cem Gül.
- Und woher kommen Sie?
- Aus der Türkei.
- Wie heißen Sie?
- Ich heiße Lena Borissowa. Ich komme aus Russland.
- Und wie heißen Sie?
- Mein Name ist Ana Sánchez. Ich komme aus Brasilien.
- Und Sie?
- Ich bin Alfiya Fedorowa. Ich komme aus Kasachstan.
- Und wer sind Sie?
- Ich bin Herr Tang. Ich komme aus China.

2 Kursparty

a) **Fragen Sie und antworten Sie.**

Woher sind Sie?

b) **Suchen Sie eine Partnerin / einen Partner. Notieren Sie.**

Name?

Woher?

c) **Stellen Sie Ihre Partnerin / Ihren Partner vor.**

1.05

3 Wo wohnen Sie? **Hören Sie und lesen Sie.**

Herr Gül, wo wohnen Sie jetzt?
Ich wohne in Frankfurt.
Frau Sánchez, wo wohnen Sie?
Auch in Frankfurt.
Und Sie, Frau Borissowa, wo wohnen Sie?
In Steinbach.
Wo wohnt Herr Tang?
Er wohnt in Bad Homburg.

4 *Aus* oder *in*?

a) **Ergänzen Sie.**

1. Wo wohnen Sie? .... Frankfurt.
2. Woher kommen Sie? .... Brasilien.

b) **Suchen Sie weitere Beispiele in 1 und 3.**

5 Personalangaben. **Ordnen Sie eine Person aus 1 und 3 zu und ergänzen Sie.**

Frau Borissowa kommt aus Russland und wohnt in Steinbach.

Herr ... kommt aus ... und wohnt in ...

1. Name? ....
   Woher? Aus Russland.
   Wo? In Steinbach.
2. Name? ....
   Woher? Aus Brasilien.
   Wo? In Frankfurt.
3. Name? ....
   Woher? Aus der Türkei.
   Wo? ....
4. Name? ....
   Woher? Aus China.
   Wo? ....

6 Guten Tag! **Üben Sie den Dialog mit verschiedenen Partnern.**

Guten Tag! Ich bin ...
Wie heißen Sie? →

Hallo, mein Name ist ...
← Woher kommen Sie?

Ich komme aus ... Und Sie? →

← Ich komme aus ...

Wo wohnen Sie? →

← Ich wohne in ... Und Sie?

Ich wohne in ...

ABC

3 Das Alphabet

1 Der Alphabet-Rap. **Hören Sie und machen Sie mit.**

1.06

A B C D E F G H I

J K L M N O P Q

R S T U V W X Y Z

2 Städtediktat. **Hören Sie und schreiben Sie die Städtenamen.**

1.07

1. GRAZ
2. HAMBURG
3. BERN
4. BERLIN
5. FRANKFURT
6. WIEN
7. GENF
8. LUGANO

3 Abkürzungen. **Was ist das? Ordnen Sie zu.**

Transport/Auto	*TV/Computer*	*Finanzen*

IBM

ZDF

4 Namen buchstabieren.
Hören Sie und schreiben Sie die Namen.

1.08

1. BENZ
2. HEIER
3. SUNDARAM

5 Spiel. **Buchstabieren Sie und schreiben Sie die Namen.**

6 Die Top 10 der Familiennamen in Deutschland. **Und bei Ihnen?**

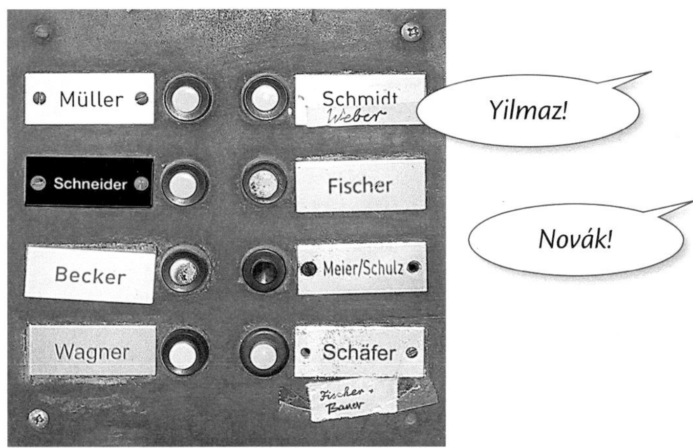

1.09 **7** Die Top 5 der Vornamen in Deutschland

a) **Hören Sie die Namen. Welche Silbe ist betont? Ordnen Sie zu.**

1. Silbe betont	2. Silbe betont
'Leon	....
....	....
....	....
....	....
....	....
....	....

Nr.	Vorname
	Jungen
1	Leon
2	Lukas
3	Elias
4	Finn
5	Jonas
	Mädchen
1	Mia
2	Sophie
3	Lena
4	Lea
5	Maria

b) **Hören Sie noch einmal und sprechen Sie nach.**

c) **Welche Vornamen aus Deutschland, Österreich und der Schweiz kennen Sie?**

8 Vornamen international.
Was sind Ihre Favoriten?

ABC

4 Internationale Wörter

Lerntipp
Texte verstehen – internationale Wörter suchen!

1 Menschen in D-A-CH

a) **Lesen Sie schnell. Markieren Sie zwei Informationen pro Text und vergleichen Sie.**

1. Das ist **Markus Bernstein.** Herr Bernstein ist 42 Jahre alt. Er wohnt mit seiner Familie in Kronberg. In 30 Minuten ist er am Airport in Frankfurt. Er ist Pilot bei der Lufthansa. Herr Bernstein mag seinen Job. Er fliegt einen Airbus A320. Heute fliegt er von Frankfurt nach Madrid, von Madrid nach Frankfurt und dann Frankfurt-Budapest und zurück. Er spricht Englisch und Spanisch.

2. **Ralf Bürger** ist Student an der Friedrich-Schiller-Universität in Jena. Das ist in Thüringen. Ralf studiert Deutsch und Interkulturelle Kommunikation. Er ist im 8. Semester. Seine Freundin **Magda Sablewska** studiert auch Deutsch, im 4. Semester. Magda kommt aus Polen, aus Krakau. Ralf ist 26, Magda 23 Jahre alt. Magda spricht Polnisch, Deutsch und Russisch. Ralf spricht Englisch und ein bisschen Polnisch.

3. **Andrea Fiedler** aus Bern ist seit 2009 bei Siemens in München. Vorher war sie drei Jahre für Siemens Medical Dept. in Singapur. Sie ist Elektronikingenieurin, Spezialität: Medizintechnologie. Sie spricht Englisch, Französisch und ein bisschen Chinesisch. Sie wohnt in Erding bei München. Sie mag die Alpen. Ski fahren ist ihr Hobby – und ihr BMW!

4. **Milena Filipová** ist 29. Sie lebt seit zehn Jahren in Wien. Sie ist Musikerin und kommt aus Nitra. Das ist in der Slowakei. Sie spielt Violine und gehört zum Ensemble der Wiener Staatsoper. Sie findet Wien fantastisch: die Stadt, die Menschen, die Restaurants, die Donau, die Atmosphäre im Sommer, die Cafés. Um 20 Uhr hat sie heute ein Konzert.

b) **Zu welchen Texten passen die Wörter? Ordnen Sie zu.**

1. ☐ studieren	5. ☐ Rhein-Main-Airport	9. ☐ Frankfurt
2. ☐ Hobbys	6. ☐ Familie	10. ☐ Polnisch
3. ☐ Musik	7. ☐ Ski fahren	11. ☐ Oper
4. ☐ Universität	8. ☐ Französisch	12. ☐ Konzert

2 Internationale Wörter verstehen

a) **Wählen Sie einen Text aus 1 aus. Welche Wörter verstehen Sie? Schreiben Sie.**

Markus Bernstein	Ralf Bürger/ Magda Sablewska	Andrea Fiedler	Milena Filipová
....	Student	....	....

b) **Sortieren Sie die Wörter.**

Technik	Job	Sprachen	Musik	Geografie	Tourismus	andere
....	....	....	....	....	....	....
....	....	....	....	....	....	....

3 Deutsch in meinem Alltag. **Sammeln Sie Wörter und Fotos.**

4 Internationale Wörter – deutsche Wörter. **Machen Sie eine Zeitungscollage im Kurs.**

1 Kaffee oder Tee?

Hier lernen Sie

- jemanden kennenlernen
- sich und andere vorstellen
- Zahlen von 1 bis 1000
- etwas im Café bestellen und bezahlen
- Telefonnummern nennen und verstehen

1 Im Café

1 Gespräche im Café

1.10 Ü1–2

a) **Worüber sprechen die Leute? Hören Sie und sammeln Sie Wörter.**

b) **Hören Sie noch einmal und lesen Sie. Welche Fotos passen zu den Dialogen? Ordnen Sie zu.**

1. ☐

- Entschuldigung, ist hier noch frei?
- Ja klar, bitte. Sind Sie auch im Deutschkurs?
- Ja. Ich heiße Astrud Jobim. Ich komme aus Brasilien. Und Sie?
- Ich bin Katja Borovska. Ich komme aus der Slowakei. Ich wohne jetzt in Berlin.
- Was trinken Sie?
- Ehmmm, Tee.
- Zwei Tee, bitte.

2. ☐

- Grüß dich, Julian. Das sind Emir und Alida.
- Hi! Woher kommt ihr?
- Wir kommen aus Indien. Und du? Woher kommst du?
- Aus Berlin.
- Was möchtest du trinken? Kaffee oder Tee?
- Lieber Latte macchiato.
- Ich auch!
- Zwei Kaffee und zwei Latte macchiato, bitte.

c) **Führen Sie die Dialoge im Kurs.**

b

c

2 Getränke. **Sammeln Sie im Kurs.**
Ü3

Getränke

3 Redemittel sammeln. **Ergänzen Sie.**

Redemittel

Begrüßung	Name	Woher?
Hallo!	*Ich heiße …*	*Aus Indien*
	Das ist …	

4 Was trinken Sie? **Fragen und antworten Sie.**

Was trinken Sie?
Kaffee, bitte.
Trinken Sie Bier oder Wein?
Wein, bitte.

2 Wer? Woher? Was?

1 Kaffee oder Tee? **Üben Sie. Sprechen Sie schnell.**

Möchten Sie Möchtest du	Kaffee oder Tee? Cola oder Apfelsaft? Rotwein oder Weißwein? Cappuccino oder Kaffee?	Nein, lieber	Orangensaft. Wasser.

2 Woher? Was?

a) **Hören Sie und sprechen Sie nach.**

1.11

b) **Was ist richtig? Hören Sie und kreuzen Sie an.**

1.12
Ü4–6

1. ☐ Amir kommt aus Libyen.
2. ☐ Anna ist aus Serbien.
3. ☐ Amir trinkt Kaffee mit viel Milch.

3 Viel Milch, wenig Zucker

Ü7

a) **Ordnen Sie zu.**

Kaffee mit
- ☐ viel Milch
- ☐ wenig Zucker
- ☐ wenig Milch
- ☐ viel Zucker

Kaffee ohne
- ☐ Milch und Zucker

1

2

3

4

5

b) **Üben Sie. Sprechen Sie schnell.**

Ich möchte Ich trinke Ich nehme	gern lieber	Tee Kaffee Eiskaffee Eistee	mit Milch. ohne Milch. mit Zucker. ohne Zucker. mit Milch und Zucker. mit viel Milch und wenig Zucker. mit wenig Milch und viel Zucker.	Und du? Und Sie?

Minimemo

viel – wenig
mit – ohne

c) **Lesen Sie die Redemittel und führen Sie Dialoge.**

Redemittel

etwas bestellen

Was möchten Sie trinken?	Zwei Kaffee, bitte.
Was möchtest du trinken?	Und zwei Wasser, bitte.
Kaffee oder Tee?	Lieber Tee/Wasser.
Was nehmen/trinken Sie? Kaffee?	Ja, mit viel Milch.
Mit Zucker?	Nein, ohne Zucker./ Ja, bitte.

4 Ü8 Gespräche im Café führen. **Verwenden Sie Namen im Kurs.**

Woher ...?

Hallo, ... Das ist ...

Zwei ..., bitte!

Ich wohne in ...

Was möchtest du?

Ich trinke ...

5 16 Ü9–10 Verben und Endungen

a) **Sammeln Sie die Verben aus den Dialogen auf Seite 10 und 16.**

Sie sind, ich heiße, ich komme ...

Minimemo

sein

ich	bin	wir	sind
du	bist	ihr	seid
er/es/sie	ist	sie/Sie	sind

b) **Ergänzen Sie die Verben.**

Grammatik

	kommen	En	**trinken**	trinken
ich	komme	e	e	e
du	e	wohnst	trinkst	heißt
er/es/sie	t	t	t	heißt
wir	en	en	en	heißen
ihr	t	wohnt	t	t
sie/Sie	en	wohnen	en	en

1.13 c) **Verben hören. Hören Sie und kontrollieren Sie die Tabelle.**

6 1.14 Wortakzent

a) **Hören Sie die Verben und markieren Sie den Wortakzent.**

1. heißen
2. trinken
3. kommen
4. nehmen
5. wohnen
6. hören
7. lesen
8. sortieren
9. verstehen
10. sprechen
11. sammeln
12. üben

b) **Hören Sie noch einmal und sprechen Sie nach.**

3 Zahlen und zählen

1 Zahlen sehen. **Lesen Sie die Zahlen laut.**

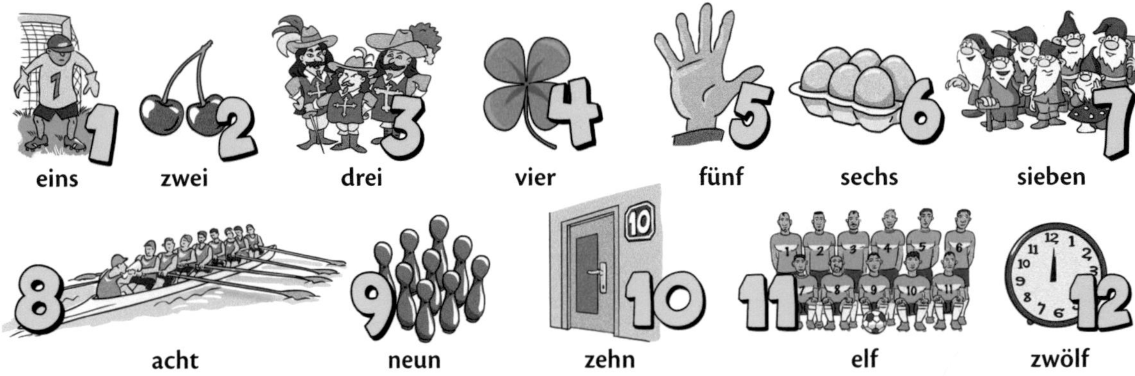

2 Zahlen sprechen. **Würfeln Sie und nennen Sie die Zahlen.**

3 Zahlen hören

1.15

a) **Hören Sie und lesen Sie.**

dreizehn, vierzehn, fünfzehn, sechzehn, siebzehn, achtzehn, neunzehn, zwanzig, einundzwanzig, dreißig, zweiunddreißig, vierzig, dreiundvierzig, fünfzig, vierundfünfzig, sechzig, fünfundsechzig, siebzig, siebenundsiebzig, achtzig, achtundachtzig, neunzig

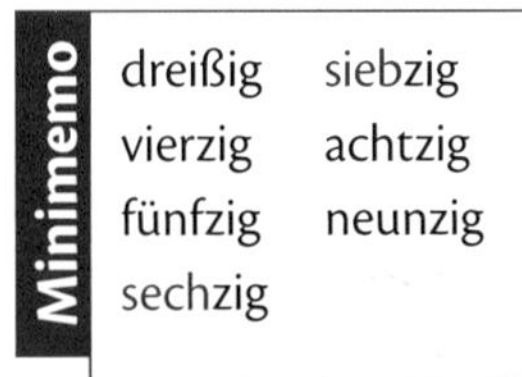

Minimemo

dreißig	siebzig
vierzig	achtzig
fünfzig	neunzig
sechzig	

b) **Hören Sie noch einmal und sprechen Sie nach.**

c) **Markieren Sie den Akzent (') und sprechen Sie die Zahlen laut.**

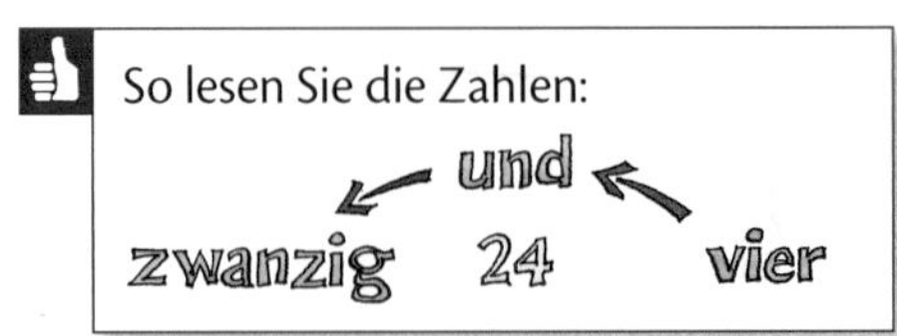

So lesen Sie die Zahlen:

und
zwanzig 24 vier

4 Zahlen bis 1000

Ü11

a) **Ergänzen Sie und sprechen Sie die Zahlen laut.**

1. einhundert *100*........	5. fünfhundert	9. neunhundert ....
2. zweihundert *200*........	6. sechshundert	10. eintausend ....
3. dreihundert 33........	7. siebenhundert	
4. vierhundert 450........	8. achthundert	

b) **Welche Zahl hören Sie? Kreuzen Sie an.**

1.16

1. ☐ 92 ☐ 920   2. ☐ 616 ☐ 666   3. ☐ 913 ☒ 931   4. ☒ 414 ☐ 440

5 Handynummern.
Diktieren Sie die Nummern und kontrollieren Sie mit dem Handy.

6 1.17 Zahlenlotto 6 aus 49. **Kreuzen Sie sechs Zahlen an. Hören Sie die Lottozahlen. Wie viele Richtige haben Sie?**

LOTTO *am Samstag*

1	2	3	4	5	6	7	1	2	3	4	5	6	7	1	2	3	4	5	6	7	1	2	3	4	5	6	7	1	2	3	4	5	6	7	1	2	3	4	5	6	7
8	9	10	11	12	13	14	8	9	10	11	12	13	14	8	9	10	11	12	13	14	8	9	10	11	12	13	14	8	9	10	11	12	13	14	8	9	10	11	12	13	14
15	16	17	18	19	20	21	15	16	17	18	19	20	21	15	16	17	18	19	20	21	15	16	17	18	19	20	21	15	16	17	18	19	20	21	15	16	17	18	19	20	21
22	23	24	25	26	27	28	22	23	24	25	26	27	28	22	23	24	25	26	27	28	22	23	24	25	26	27	28	22	23	24	25	26	27	28	22	23	24	25	26	27	28
29	30	31	32	33	34	35	29	30	31	32	33	34	35	29	30	31	32	33	34	35	29	30	31	32	33	34	35	29	30	31	32	33	34	35	29	30	31	32	33	34	35
36	37	38	39	40	41	42	36	37	38	39	40	41	42	36	37	38	39	40	41	42	36	37	38	39	40	41	42	36	37	38	39	40	41	42	36	37	38	39	40	41	42
43	44	45	46	47	48	49	43	44	45	46	47	48	49	43	44	45	46	47	48	49	43	44	45	46	47	48	49	43	44	45	46	47	48	49	43	44	45	46	47	48	4

1	2	3	4	5	6	7	1	2	3	4	5	6	7	1	2	3	4	5	6	7	1	2	3	4	5	6	7	1	2	3	4	5	6	7	1	2	3	4	5	6	
8	9	10	11	12	13	14	8	9	10	11	12	13	14	8	9	10	11	12	13	14	8	9	10	11	12	13	14	8	9	10	11	12	13	14	8	9	10	11	12		
15	16	17	18	19	20	21	15	16	17	18	19	20	21	15	16	17	18	19	20	21	15	16	17	18	19	20	21	15	16	17	18	19	20	21	15	16	17	18	19		
22	23	24	25	26	27	28	22	23	24	25	26	27	28	22	23	24	25	26	27	28	22	23	24	25	26	27	28	22	23	24	25	26	27	28	22	23	24	25	26		
29	30	31	32	33	34	35	29	30	31	32	33	34	35	29	30	31	32	33	34	35	29	30	31	32	33	34	35	29	30	31	32	33	34	35	29	30	31	32			
36	37	38	39	40	41	42	36	37	38	39	40	41	42	36	37	38	39	40	41	42	36	37	38	39	40	41	42	36	37	38	39	40	41	42	36	37	38	39			
43	44	45	46	47	48	49	43	44	45	46	47	48	49	43	44	45	46	47	48	49	43	44	45	46	47	48	49	43	44	45	46	47	48	49	43	44	45	46			

Losnummer: 0 8 1 0 6 0 9

0843620023

Hinweis: Spielen kann süchtig machen! Teilnahme erst ab 18 Jahre! Infos siehe Rückseite!

7 1.18 Spiel im Kurs: Bingo bis 50. **Schreiben Sie Zahlen bis 50. Hören Sie und streichen Sie die Zahlen durch, die Sie hören. Gewinner ist, wer zuerst alle Zahlen durchgestrichen hat. Spielen Sie noch einmal im Kurs.**

8 Ü12 Zahlen schnell sprechen

a) **Bilden Sie zwei Gruppen. Lesen Sie die Zahlen laut. Gruppe A beginnt. Macht Gruppe A einen Fehler, ist Gruppe B dran. Gewinner ist, wer zuerst fertig ist.**

25	12	125	567	999	291
91	15	193	987	119	713
75	55	444	812	680	1000
67	3	763	745	910	325
53	13	217	311	515	81
17	115	323	476	422	703

b) **Diktieren Sie fünf Zahlen, die anderen schreiben die Zahlen.**

4 Telefonnummern und Rechnungen

1 Wie ist die Telefonnummer? **Hören Sie und schreiben Sie.**

1.19 Ü13–14

1. .... 3. ....

2. .... 4. ....

2 Wichtige Telefonnummern

a) **Suchen Sie im Telefonbuch oder im Internet und ergänzen Sie die Tabelle.**

	D	A	CH
Polizei	......	......	......
Feuerwehr	112	......	......
Notarzt	......	......	......

b) **Suchen Sie weitere Telefonnummern in Ihrer Stadt für: Taxi, Pizza-Dienst, Apotheken-Notdienst ...**

Taxi-Meier
58 77 58
Straßendienst im Auftrag des
ADAC
0180 2 22 22 22

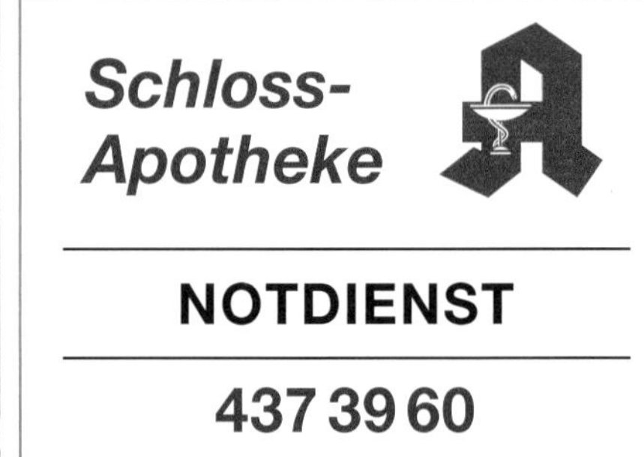

3 Rechnungen im Café. **Hören Sie und ordnen Sie die Dialoge zu. Ergänzen Sie die Preise.**

1.20

Warme Getränke

Kaffee		2,20 €
Espresso		1,90 €
Cappuccino		2,60 €
Milchkaffee		2,90 €
Latte macchiato		2,90 €
Tee (verschiedene Sorten)		2,20 €

Alkoholfreie Getränke

Mineralwasser	0,25 l	2,10 €
	0,75 l	5,90 €
Coca-Cola, Fanta, Sprite	0,2 l	2,20 €
Eistee	0,2 l	2,40 €
Apfelsaft, Orangensaft	0,2 l	2,20 €
Apfelsaftschorle	0,2 l	1,90 €

a [3]

Kafka
Schlossstraße 122
14217 Köln

Rechnung

Tisch #12

2 x Mineralwasser 2,10 x 2
Coca Cola 2,20
Saldo 6,40

b [2]

JUPPI
CAFÉ - BAR - WEEKENDCLUB
HOLLSTEINSTRASSE 31
10437 BERLIN • TEL. 437 39 611

TISCH 14 SALDO 0.00

CAPPUCCINO 1X 2,60

c [1]

Rechnung

Verzehr	EUR
SPEISEN	
GETRÄNKE	
Eistee	2,40
3X	
insg.	7,20

4 Bezahlen im Café

Ü15–17

a) **Lesen Sie und sprechen Sie den Dialog.**

Wir möchten bitte zahlen!
Zusammen oder getrennt?
Zusammen, bitte.
Zwei Wasser und zwei Kaffee, das macht 8,60 Euro.
Bitte.
Danke! Auf Wiedersehen.

b) **Üben Sie den Dialog mit verschiedenen Partnern.**

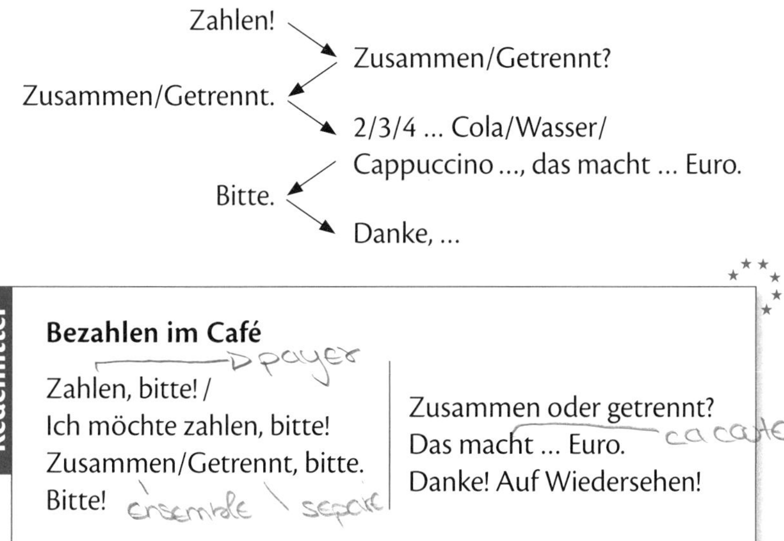

Zahlen!
Zusammen/Getrennt?
Zusammen/Getrennt.
2/3/4 ... Cola/Wasser/
Cappuccino ..., das macht ... Euro.
Bitte.
Danke, ...

Redemittel

Bezahlen im Café

Zahlen, bitte! /
Ich möchte zahlen, bitte!
Zusammen/Getrennt, bitte.
Bitte!

Zusammen oder getrennt?
Das macht ... Euro.
Danke! Auf Wiedersehen!

5 Recherche-Projekt „Der Euro". **In welchen Ländern bezahlt man mit dem Euro? Lesen Sie und ergänzen Sie die Informationen.**

Der Euro ist offizielles Zahlungsmittel in ... Ländern der Europäischen Union (EU). Die Länder der Eurozone sind .... Über 300 Millionen Menschen bezahlen mit dem Euro. Die Euroscheine sind in allen Ländern gleich, die Münzen tragen nationale Symbole.

6 Quiz. **Woher kommen die Euromünzen? Ordnen Sie zu.**

Ü18–19

1. ☐ Österreich
2. ☐ Deutschland
3. ☐ Niederlande
4. ☐ Spanien
5. ☐ Irland
6. ☐ Italien
7. ☐ Estland
8. ☐ Slowenien

a

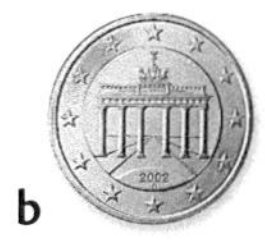
b

c

d

e

f

g

h

1 Treffen im Café

1.02

a) **Bringen Sie die Dialoge in die richtige Reihenfolge. Hören Sie dann und kontrollieren Sie die Dialoge.**

1.
- [1] Hallo, Marina! Marina, das ist Conny. Sie ist Deutschlehrerin. Conny, das ist Marina Álvarez.
- [ ] Was möchtet ihr trinken?
- [ ] Zwei Cappuccini und ein Wasser, bitte.
- [ ] Ich auch.
- [ ] Ich komme aus Argentinien, aus Rosario.
- [ ] Cappuccino.
- [2] Hallo, Marina. Woher kommst du?

2.
- [1] Entschuldigung, ist hier noch frei?
- [ ] Ja. Ich heiße Isabel und das ist Carlos. Wir kommen aus Kolumbien. Wie heißt du und woher kommst du?
- [ ] Kaffee und Wasser.
- [ ] Ja klar, bitte. Seid ihr auch im Deutschkurs?
- [ ] Drei Kaffee und zwei Wasser, bitte!
- [ ] Ich bin Tuva. Ich komme aus Schweden und wohne jetzt in Berlin. Was trinkt ihr?

b) **Welche Fotos passen? Ordnen Sie die Dialoge zu.**

a

c

b

d

2 Redemittel üben. **Was passt zusammen? Verbinden Sie.**

Entschuldigung, ist hier frei?	1	a	Tee, bitte.
Marina, das ist Conny.	2	b	Ja klar, bitte.
Kaffee oder Tee?	3	c	Ich auch.
Sind Sie auch im Deutschkurs?	4	d	Hallo, Conny.
Ich trinke Kaffee.	5	e	Ja, im Kurs A1.

3 Getränke

a) **Was ist das? Ordnen Sie zu.**

1. ☐ Espresso	3. ☐ Cola	5. ☐ Wasser	7. ☐ Milch
2. ☐ Kaffee	4. ☐ Kakao	6. ☐ Orangensaft	8. ☐ Wein

b) **Was trinken Sie gern/nicht gern? Ordnen Sie die Getränke aus a) zu.**

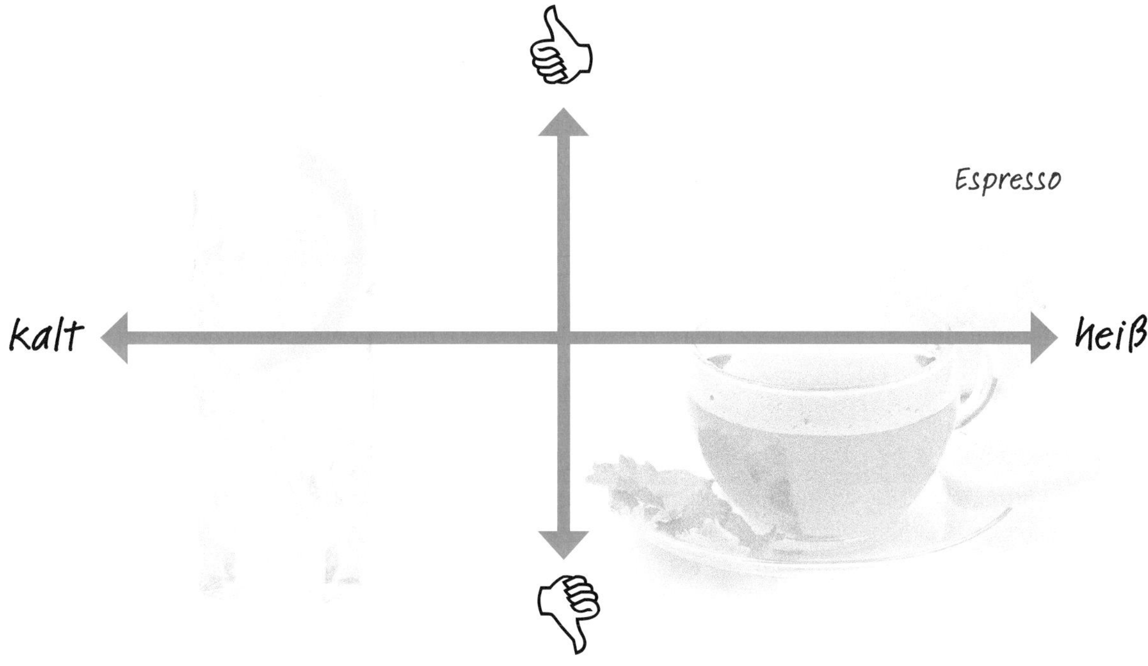

4 Fragen und Antworten. **Ergänzen Sie die Dialoge.**

1. Hallo, ich bin Ina Albrecht. Wie heißen Sie?
   ……………………………………………
2. Tag, Lena!
   ……………………………………………
3. Was trinken Sie?
   ……………………………………………
4. Woher kommst du?
   ……………………………………………
5. ……………………………………………
   Hallo, Katja.
6. ……………………………………………
   Aus China.
7. ……………………………………………
   Tee, bitte.

5 Ganze Sätze lernen. **Hören Sie und sprechen Sie nach.**

1.03

6 Dialog im Café

a) **Wie heißen Sie? Woher kommen Sie? Ergänzen Sie.**

…
Ja klar, bitte.
…
Hallo, ich bin …………………………………. Woher kommt ihr?
…
Ich komme aus ………………………………….
…
Tee mit Zucker.
…

1.04 b) **Textkaraoke. Hören Sie und sprechen Sie die -Rolle im Dialog.**

7 Flüssig sprechen. **Hören Sie und sprechen Sie nach.**

1.05

1. mit Milch. – Tee mit Milch. – Ich möchte Tee mit Milch.
2. wenig Zucker. – viel Milch und wenig Zucker. – Kaffee mit viel Milch und wenig Zucker. – Ich trinke Kaffee mit viel Milch und wenig Zucker.
3. ohne Zucker. – viel Eis und ohne Zucker. – Eistee mit viel Eis und ohne Zucker. – Ich nehme Eistee mit viel Eis und ohne Zucker.

8 Wer trinkt was? **Hören Sie und kreuzen Sie an.**

1.06

1.

a ☐ Fanta mit viel Eis. b ☐ Fanta mit wenig Eis.

2.

a ☐ Kaffee mit viel Zucker. b ☐ Kaffee mit viel Milch.

3.

a ☐ Orangensaft. b ☐ Cola.

4.

a ☐ Rotwein. b ☐ Weißwein.

9 Zwei SMS. **Ergänzen Sie das Verb *sein*.**

Hi, Paul und ich .... im Café Kafka.
Wo .... du?
Maren .... auch da! ;-)
Kommst du auch? Ciao, Lena

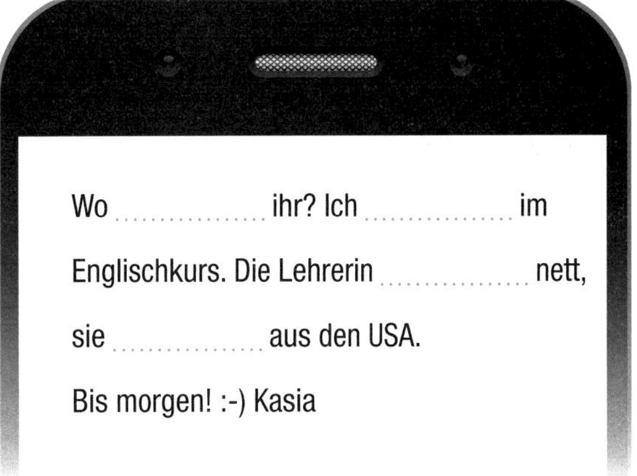

Wo .... ihr? Ich .... im
Englischkurs. Die Lehrerin .... nett,
sie .... aus den USA.
Bis morgen! :-) Kasia

10 Verben. **Ergänzen Sie.**

1. Frau Sánchez, woher *kommen* Sie? – Ich ....*e* aus Barcelona.
2. Hallo, ich ....*e* Jenny. Ich ....*e* in Berlin. Und ihr, wo ....*t* ihr?
   – Wir ....*en* auch in Berlin!
3. Noemi, ...*t* Peter lieber Tee oder Kaffee? – Er ....*t* lieber Kaffee.
4. Sandra, wie ....*t* die Studentin? – Sie ....*t* Rani.
5. Alida und Belal, was ....*t* ihr? – Wir ....*en* zwei Milchshakes.

11 Zahlen verstehen. Wer trinkt was? Hören Sie und schreiben Sie die Zahlen.

1.07

Nichtalkoholische Getränke

206. Mineralwasser
207. Mineralwasser, groß
208. Tafelwasser
209. Tafelwasser, groß
210. Coca Cola
211. Sprite
212. Fanta
213. Spezi (Cola mit Fanta)
214. Apfelsaft
215. Orangensaft
216. Bananensaft
217. Kirschsaft
218. Tomatensaft
219. Apfelschorle
220. Apfelschorle, groß

Tisch 3: .... Tisch 88: .... Tisch 34: ....

12 Am Bahnhof. Welcher Zug ist richtig? Hören Sie und kreuzen Sie an.

1.08

1. ☐ ICE 2430 ☐ ICE 3340 ☐ ICE 3043
2. ☐ EC 1509 ☐ EC 1590 ☐ EC 5109
3. ☐ ICE 8788 ☐ ICE 8878 ☐ ICE 8887

13 Wie ist die Telefonnummer? Hören Sie und ergänzen Sie die Telefonnummern. Lesen Sie dann die Telefonnummern laut.

1.09

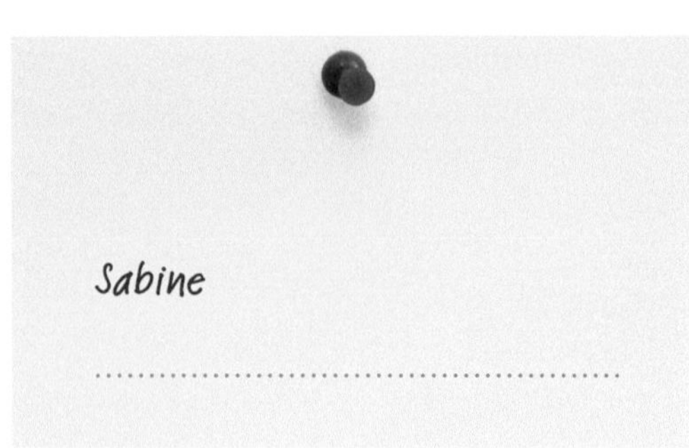

Julian

....

Sabine

....

Michaela

....

Jarek

....

14 Telefonzentrale. Hören Sie und ergänzen Sie die Telefonnummern.

1.10

1. ○ Empfang, Stein am Apparat.
   ○ Hallo, Paech hier. Wie ist die Telefonnummer von Frau Mazanke, Marketingabteilung?
   ○ Einen Moment, ………………… und die Durchwahl ist ………………….
   ○ Danke schön.
2. ○ Hallo, ich brauche die Telefonnummer von Herrn Feldmeier in München.
   ○ Ja, die Vorwahl ist ………………… und dann die ………………….
3. ○ Stein, Empfang.
   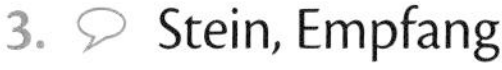
   ○ Guten Morgen, Frau Stein. Wie ist die Telefonnummer von Frau Rosenberg in Dresden?
   ○ Frau Rosenberg, Serviceteam?
   ○ Ja.
   ○ Das ist die ………………… und die ………………… für Dresden.

15 Kennenlernen – bestellen – bezahlen

a) **Was passt? Ordnen Sie zu.**

Was nehmen Sie? – Wir möchten bitte zahlen! – Hallo, Lena! Das ist Joe. – Hi! Woher kommst du, Joe? – Zusammen oder getrennt? – Drei Kaffee, bitte.

1. …………………………………………
…………………………………………

2. …………………………………………
…………………………………………

3. …………………………………………
…………………………………………

b) **Schreiben Sie zwei Dialoge.**

1.

2.
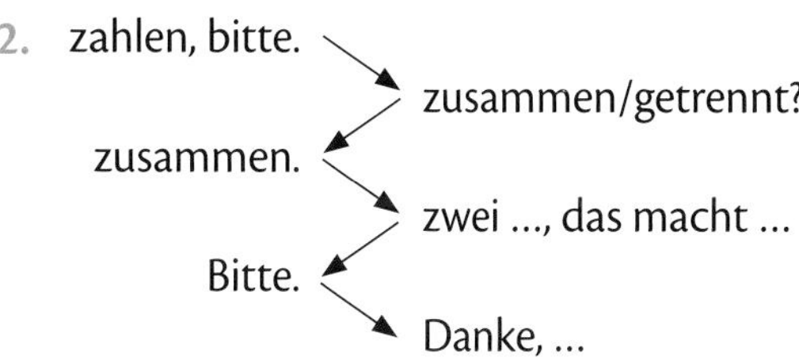

1. + *Was möchten Sie trinken?* – *Wir nehmen ...*

16 1.11 Textkaraoke. **Hören Sie und sprechen Sie die 👄-Rolle im Dialog.**

👂 …
👄 Ich möchte zahlen, bitte.
👂 …
👄 Zusammen, bitte.
👂 …
👄 Hier, bitte.
👂 …
👄 Auf Wiedersehen!

17 1.12 Dialoge hören und verstehen. **Was ist richtig? Hören Sie und kreuzen Sie an.**

1. Woher kommt Angelina?
   a ☐ Aus Spanien. b ☐ Aus Italien. c ☐ Aus Frankreich.
2. Was trinkt Frau Brauer?
   a ☐ Tee mit Milch. b ☐ Tee mit Milch und Zucker. c ☐ Tee ohne Milch.
3. Was bezahlt Emil?
   a ☐ 3,50 €. b ☐ 5,50 €. c ☐ 5,30 €.

18 1.13 Der Euro

a) **Hören Sie und schreiben Sie die Preise.**

1. ______ 3. ______ 5. ______

2. ______ 4. ______ 6. ______

b) **Hören Sie noch einmal und sprechen Sie nach.**

19 Kaffee international. **Welche Wörter verstehen Sie? Schreiben Sie.**

Das Kaffeetrinken ist eine arabische Tradition. Die Türken haben Mokka international populär gemacht. In Europa hat Österreich eine lange Kaffeehaustradition und viele Kaffeevariationen. Heute ist Kaffeetrinken „in". Latte macchiato, Espresso und Cappuccino heißen die Top-Favoriten in Hongkong, New York, Berlin und St. Petersburg. Café-Ketten wie Starbucks, Segafredo und Coffee Bean sind so international wie McDonalds. Cafés sind ideal für die Kommunikation und für Kontakte.

Cafe Konditorei

Kaffee	Geografie	andere
......	......	Tradition

Fit für Einheit 2? Testen Sie sich!

Mit Sprache handeln

sich und andere vorstellen

Wie heißen Sie? Woher kommen Sie? Wo wohnen Sie?

Ich ....

....

Hallo Tim. Das .... Frau Schiller. Sie .... Deutschlehrerin. Frau Schiller .... aus Jena.

Guten Tag, Frau Schiller.

▸ KB 1.1, 1.3

etwas im Café bestellen und bezahlen

Was trinkst du?

Ich .... Cola.

Ich auch. Zwei Cola, bitte.

Ich möchte bitte ....!

Zusammen oder ....?

Zusammen, bitte.

Das .... 3,50 Euro.

▸ KB 2.1, 2.3, 4.4

Wortfelder

Zahlen

1.14

☐ 24 ☒ 42 ☐ 54 ☐ 55 ☐ 138 ☐ 183 ☐ 789 ☐ 799

▸ KB 3.1 – 3.8
4.1 – 4.3

Getränke

Getränke

Orangensaft

▸ KB 1.2, 2.3

Grammatik

Verben

Hallo, ich heiß.... Samuel. Und das .... Jenny. Sie komm.... aus England. Jenny und ich wohn.... in München. Und ihr, wo wohn.... ihr?

sein: ich ...., du ...., er/es/sie ...., wir ...., ihr ...., sie/Sie ....

▸ KB 2.5

Aussprache

Wortakzent

1.15

kommen – heißen – fünfundneunzig – eintausenddreizehn

▸ KB 2.6, 3.3

2 Sprache im Kurs

Hier lernen Sie

- sich im Kurs verständigen: Fragen stellen, um Wiederholung bitten
- mit Wörterbüchern arbeiten
- Strategien der Wortschatzarbeit anwenden

1 Wörter und Fragen

Kannst du das bitte schreiben?
Was machst du?
Na klar, gerne.

1 Sprache im Kurs. **Hören Sie und sprechen Sie nach.**

1.21

2 Fragen stellen. **Wie heißt das auf Deutsch? Fragen Sie und antworten Sie im Kurs.**

Ü1

Redemittel

Fragen stellen und um Wiederholung bitten

Wie heißt das auf Deutsch?
Was ist das auf Deutsch?
Was heißt … auf Deutsch?
Entschuldigung, wie bitte?
Das verstehe ich nicht. Können Sie das bitte wiederholen?
Können Sie das bitte buchstabieren?
Können Sie das bitte anschreiben?

Können Sie das bitte buchstabieren?

Entschuldigung, kannst du das bitte wiederholen?

R-A-D-I-E-R-G-U-M-M-I.

Keine Ahnung.

Wie heißt das auf Deutsch?

3 Gegenstände im Kursraum

Ü2–5

a) **Lesen Sie die Wörter. Was kennen Sie?**

1. ☐ die Tafel
2. ☐ das Papier
3. ☐ der Tisch
4. ☐ der Stuhl
5. ☐ das Buch
6. ☐ die Tasche
7. ☐ der Füller
8. ☐ die Brille
9. ☐ das Wörterbuch
10. ☐ der Bleistift
11. ☐ der Radiergummi
12. ☐ das Heft
13. ☐ das Handy
14. ☐ der Kuli
15. ☐ die Landkarte
16. ☐ das Whiteboard
17. ☐ der Becher
18. ☐ das Brötchen

b) **Ordnen Sie die Gegenstände zu.**

lesen	*schreiben*	*hören*	*Pause machen*
....	....	....	....

4 Wortakzent erkennen

1.22

a) **Hören Sie die Wörter und schreiben Sie.**

b) **Hören Sie noch einmal und markieren Sie den Wortakzent. Sprechen Sie dann nach.**

der 'Tisch

5 Nach Gegenständen im Kursraum fragen.

Ü6–7

Fragen Sie und antworten Sie.

Wie heißt das auf Deutsch?
Becher.
Der Becher!
Coffee

2 Mit Wörterbüchern arbeiten

1 Artikel im Wörterbuch finden. **Schreiben Sie die Wörter in die Tabelle.**

9 Ü8

So:

Au|to, das; -s, -s ‹griech.› (*kurz für* Automobil); ↑K 54: Auto fahren; ich bin Auto gefahren **au|to...** ‹griech.› (selbst...)

Com|pu|ter [...'pju:...], der; -s, - ‹engl.› (programmgesteuerte, elektron. Rechenanlage; Rechner)

die Ta|sche ['taʃə]; -, -n: 1. *Teil in einem Kleidungsstück, in dem kleinere Dinge verwahrt werden können:* er steckte den Ausweis in die Tasche seiner Jacke; die

Oder so:

'Tisch *m* (-*es*; -*e*) mesa *f*; *bei* ~, *zu* ~ a la mesa; *vor* (*nach*) ~ antes de la comida (después de la comida; de sobremesa); *reinen* ~ *machen* hacer tabla

Tür *f* (-; -*en*) puerta *f*; (*Wagen*2) portezuela *f*; *fig.* ~ *und Tor öffnen* abrir de par en par las puertas a; *fig. offene* ~*en einrennen* pretender demostrar lo evidente; *j-m die* ~ *weisen*,

Haus *n* (-*es*; ⸗*er*) casa *f*; (*Gebäude*) edificio *m*; inmueble *m*; (*Wohnsitz*) domicilio *m*; (*Heim*) hogar *m*; morada *f*; *Parl.* Cámara *f*; (*Fürsten*2) casa *f*, dinastía *f*; (*Familie*) familia *f*; (*Firma*) casa *f* comercial, firma *f*; *der Schnecke*: concha *f*; *Thea.* sala *f*;

Grammatik

der (Maskulinum)	das (Neutrum)	die (Femininum)
der Computer		

2 Mit der Wörterliste arbeiten. **Zwölf Nomen von Seite 8 bis 15. Finden Sie die Artikel in der Wörterliste hinten im Buch.**

1. der Name	4. das Foto	7. der Pilot	10. der Computer
2. der Euro	5. die Pizza	8. die Frau	11. das Büro
3. das Konzert	6. die Frage	9. das Telefon	12. die Musik

3 Artikel – Lerntipps. **Lesen Sie und probieren Sie die Lerntipps aus.**

der Löwe
der Pilot

das Haus
das Handy

die Lehrerin
die Landkarte

Lerntipp 1
Nomen mit Artikel lernen

Lerntipp 2
Wörter und Bilder verbinden, „Artikelgeschichten" ausdenken: ein Film im Kopf

4 Nomen im Plural

10 Ü9–10

a) Lesen Sie die Nomen im Plural und ergänzen Sie die Regel.

1. die Tafeln
2. die Papiere
3. die Tische
4. die Stühle
5. die Bücher
6. die Taschen
7. die Füller
8. die Brillen
9. die Wörterbücher
10. die Bleistifte
11. die Radiergummis
12. die Hefte
13. die Handys
14. die Kulis
15. die Landkarten
16. die Whiteboards
17. die Becher
18. die Brötchen

Regel Der bestimmte Artikel im Plural ist immer ....

b) Wie heißen die Wörter im Singular? Die Wörterliste hinten im Buch hilft.

die Tafeln – die Tafel

5 Umlaute hören

a) Hören Sie und sprechen Sie nach.

1.23 Ü11

1.	☐ der Bruder	☒ die Brüder	5. ☒ das Wort	☐ die Wörter
2.	☐ zahlen	☒ zählen	6. ☒ der Stuhl	☐ die Stühle
3.	☒ das Buch	☐ die Bücher	7. ☐ der Ton	☒ die Töne
4.	☐ die Tür	☒ die Türen	8. ☒ das Haus	☐ die Häuser

b) Welches Wort hören Sie? Kreuzen Sie in a) an.

1.24

6 Artikel und Pluralformen in internationalen Wörterbüchern. **Markieren Sie.**

Haus *n* (-*es*; ⸚*er*) casa *f*; (*Gebäude*) edificio *m*; inmueble *m*; (*Wohnsitz*) domicilio *m*; (*Heim*) hogar *m*; morada *f*; *Parl.* Cámara *f*; (*Fürsten*2) casa *f*, dinastía *f*; (*Familie*) familia *f*; (*Firma*) casa *f* comercial, firma *f*; *der Schnecke*: concha *f*; *Thea.* sala *f*;

Kurs *m* (-*es*; -*e*) **1.** (*Lehrgang*) curso *m*, cursillo *m*; **2.** ✝ *v. Devisen*: cambio *m*; *v. Wertpapieren*: cotización *f*; (*Umlauf*) circulación *f*; ✝ *zum* ~ *von* al cambio de; al tipo de; *im* ~ *stehen*

Pilot(in *f***)** *m* **-en, -en** pilot.
Pilot-: **~anlage** *f* pilot plant; **~ballon** *m* pilot balloon; **~film** *m* pilot film; **~projekt** *nt* pilot scheme; **~studie** *f* pilot study.

7 Artikeltraining. **Das A-B-C-Stopp-Spiel. Spielen Sie im Kurs.**

A, B, C, D ...

Stopp!

H! Ein Wort mit H!

H? H? – Heft, das Heft, die Hefte!

Lerntipp
Nomen und Pluralformen zusammen lernen:
das Buch – die Bücher

ABC

3 Ist das ein ...? Nein, das ist kein ...

9 Ü12

1 Der unbestimmte Artikel. **Sehen Sie die Fotos an und lesen Sie.**

eine Deutschlehrerin

die Deutschlehrerin Katharina Meier

ein Pilot

ein Auto

das Auto von Sebastian Vettel

der Lufthansapilot Frank Liebmann

1.25

2 Personen raten.
Hören Sie.
Wer ist das?

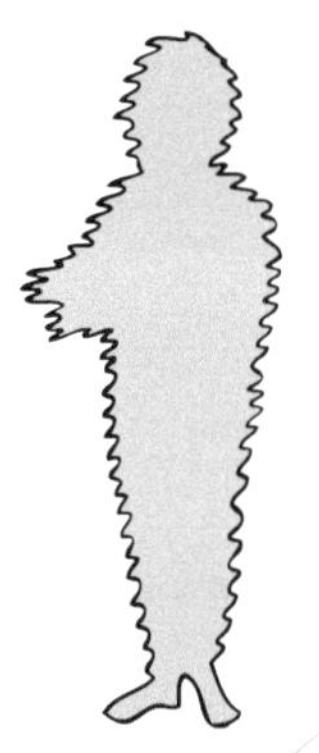

Ein Mann?

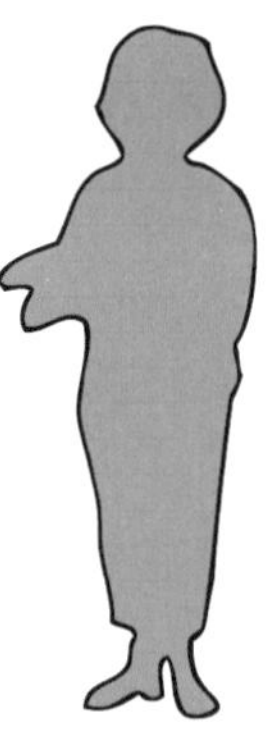
Eine Frau?

Eine Lehrerin und ein Buch? Das ist ...

3 Artikel finden. **Wie heißt der bestimmte Artikel?**

1. ein Foto
2. eine Tasche
3. ein Gespräch
4. ein Lehrer
5. eine Tafel
6. ein Auto

9 Ü13–14

4 *Ein, eine → kein, keine*

a) **Fragen Sie und antworten Sie.**

Handys?
Hunde?
Keine Handys, bitte!
Eis?
Kein Eis, bitte!

b) **Finden Sie im Internet mehr Beispiele für Verbote.**

c) Was ist das? Üben Sie.

Ist das ein Handy?

Nein, das ist kein Handy, das ist ein iPod.

Redemittel

Ist das	eine Lehrerin? ein Handy? ein Fenster? ein Kuli? eine Cola?	Nein, das ist kein(e) ..., das ist	ein Lehrer. ein iPod. eine Tür. ein Füller. ein Kaffee.
Sind das	Hefte? Fahrräder? Fußbälle?	Nein, das sind keine ..., das sind	Bücher. Motorräder. Tennisbälle.

5 Artikel systematisch. **Ergänzen Sie die Tabelle.**

9

Grammatik

		bestimmter Artikel	unbestimmter Artikel		Verneinung mit *kein*	
Singular		der Mann	*ein*	*Mann*	*kein*	*Mann*
		das Buch				
		die Frau				
Plural		die Männer	*–*	*Männer*		*Männer*
		die Bücher				
		die Frauen				

6 „Montagsmaler". Schreiben Sie zehn Wörter auf Karten. Ziehen Sie eine Karte und zeichnen Sie das Wort. Die anderen raten.

Ist das ein Hund?
Nein, das ist kein Hund.

Ist das eine Katze?
Ja, stimmt.

ABC

4 Menschen, Kurse, Sprachen

1 Zaira, Vedat und Hong lernen Deutsch.
Ü15–20 **Lesen Sie die Texte und sammeln Sie Informationen.**

Wer?	*Woher sind sie?*	*Was sagen sie?*
Zaira	....	....
....	....	....

Zaira Franca lebt in Sao Paolo. Sie arbeitet bei BASF. Sie lernt Deutsch im Goethe-Institut, im A1-Kurs. Sie lebt allein und hat ein Kind. Luisa ist 12 und geht in das Colégio Visconde in Porto Seguro. Zaira möchte Deutsch lernen. Sie sagt: „Deutsch ist wichtig für meine Arbeit und die Kurse im Goethe-Institut machen Spaß."

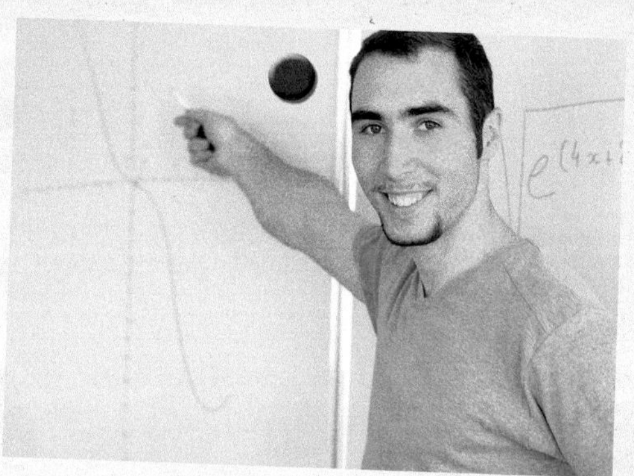

Vedat Arslan kommt aus der Türkei, aus Erzurum. Er lernt Deutsch an der Volkshochschule in Köln. Er ist verheiratet mit Seval. Sie haben zwei Kinder, Yasemin und Volkan. Vedat hat im Moment keine Arbeit. Seval arbeitet bei der Telekom. Die Arslans wohnen seit 2009 in Köln. Sie sprechen Türkisch und Deutsch. Yasemin und Volkan lernen Englisch in der Schule. Die Arslans sagen: „Deutschland ist unsere neue Heimat."

Hong Cai ist Studentin. Sie lebt in Shanghai und studiert an der Tongji Universität. Sie ist 21 und möchte in Deutschland Biologie oder Chemie studieren. Ihre Hobbys sind Musik und Sport. Sie spielt Gitarre. Ihre Freundin Jin studiert Englisch. Sie möchte nach Kanada. Deutsch ist für Hong Cai Musik. Sie sagt: „Ich liebe Beethoven und Schubert."

2 Kommunikation im Deutschkurs

a) **Ordnen Sie die Nomen zu.
Es gibt mehrere Möglichkeiten.**

1. die CD
2. das Radio
3. Türkisch
4. die Sätze
5. die Texte
6. Deutsch
7. das Buch
8. das Magazin
9. die Biografie
10. Englisch
11. die Musik
12. die Lotto-Zahlen
13. die Arbeitsanweisung
14. die Pause
15. die Artikel
16. das Wörterbuch
17. die Buchstaben
18. die Frage
19. das Handy
20. das Lernplakat

hören	*lesen*	*schreiben*	*sprechen*
die CD	....	....	....
....	....	....	....

b) **Ein Wort passt nicht. Welches?** .... machen.

3 Fragen, Bitten, Arbeitsanweisungen.
Wer sagt was? Was sagen beide? Kreuzen Sie an.

	Kursteilnehmer/in	Kursleiter/in
1. Was ist das?	☐	☐
2. Wie heißt das auf Deutsch?	☐	☐
3. Erklären Sie das bitte!	☐	☐
4. Sprechen Sie bitte langsamer!	☐	☐
5. Buchstabieren Sie das bitte!	☐	☐
6. Können wir eine Pause machen?	☐	☐
7. Lesen Sie den Text!	☐	☐
8. Schreiben Sie das bitte an die Tafel!	☐	☐
9. Ordnen Sie die Wörter!	☐	☐
10. Machen Sie bitte Ihre Hausaufgaben!	☐	☐

ABC

2 Übungen

1 Fragen stellen

1.16 a) **Welcher Gegenstand passt zum Dialog? Hören Sie und kreuzen Sie an.**

1. ☐ ....

2. ☐ ....

3. ☐ ....

b) **Was ist das? Ergänzen Sie in a) die Wörter mit Artikel.**

c) **Ergänzen Sie die Fragen.**

verstehe – buchstabieren – Entschuldigung – heißt

1. Wie .... das auf Deutsch?
2. Das .... ich nicht.
3. ...., wie bitte?
4. Können Sie das bitte ....?

2 Kursraum-Rätsel. **Was ist das? Schreiben Sie die Wörter mit Artikel.**

1. ....
2. ....
3. ....
4. ....
5. ....
6. ....
7. ....
8. ....
9. ....
10. ....

3 Rund um die Technik. **Sammeln Sie Wörter.**

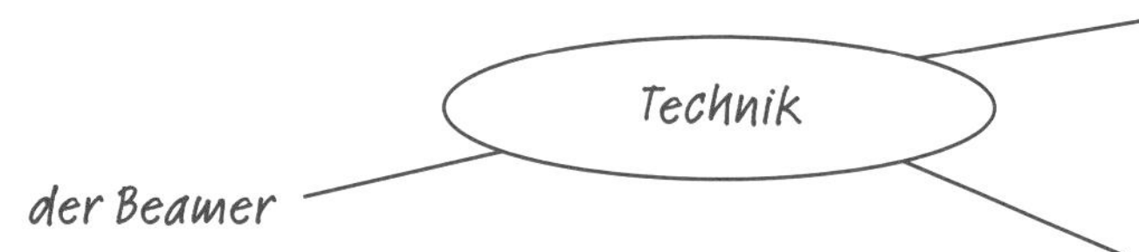

4 Wortreihen

a) **Ergänzen Sie die Artikel.**

1.	.... Handy	.... Computer	.... Whiteboard	*die* Brille
2.	.... Kuli	.... Radiergummi	.... Bleistift	.... Füller
3.	.... Heft	.... Becher	.... Wörterbuch	.... Kursbuch
4.	.... Tisch	.... Stuhl	.... Papier	.... Lampe

b) **Welches Wort passt nicht? Streichen Sie durch.**

5 Wortpaare lernen

a) **Ergänzen Sie.**

Tee – Stuhl – antworten – schreiben – trinken – Stift – Radiergummi – nein – ~~Frau~~ – sprechen

1. der Mann und die *Frau*
2. essen und ....
3. lesen und ....
4. ja oder ....
5. Kaffee oder ....
6. der Tisch und der ....
7. das Papier und der ....
8. hören und ....
9. fragen und ....
10. der Bleistift und der ....

1.17 b) **Hören Sie und kontrollieren Sie.**

c) **Hören Sie noch einmal und sprechen Sie nach.**

6 Flüssig sprechen. **Hören Sie und sprechen Sie nach.**

1.18

1. Deutsch? – auf Deutsch? – Wie heißt das auf Deutsch?
2. Deutsch? – auf Deutsch? – Was ist das auf Deutsch?
3. bitte? – wie bitte? – Entschuldigung, wie bitte?
4. wiederholen? – bitte wiederholen? – Können Sie das bitte wiederholen?
5. buchstabieren? – bitte buchstabieren? – Können Sie das bitte buchstabieren?
6. anschreiben? – bitte anschreiben? – Können Sie das bitte anschreiben?

1.19

7 Textkaraoke. **Hören Sie und sprechen Sie die 👄-Rolle im Dialog.**

👂 …
👄 Entschuldigung, wie heißt das auf Deutsch?
👂 …
👄 Ich verstehe das nicht. Können Sie das bitte wiederholen?
👂 …
👄 Ah. Können Sie das bitte buchstabieren?
👂 …

8 *Der, das* oder *die*?

a) **Ordnen Sie die Wörter zu.**

Pilot – Handy – Lehrerin – Haus – Tisch – Frau – Foto – Computer – Buch – Tasche – Stuhl – Brille

der	*das*	*die*
…………	…………	…………
…………	…………	…………
…………	…………	…………
…………	…………	…………

b) **Kontrollieren Sie mit dem Wörterbuch oder der Wörterliste hinten im Buch.**

9 Wortkarten

a) **Ergänzen Sie die Wortkarten wie im Beispiel.**

die Frau	der Mann	………… Handy	………… Stuhl

Vorderseite

die Frau**en**	die M**ä**nn**er**	…………	…………

Rückseite

b) **Schreiben Sie weitere Wortkarten mit den Nomen aus 8 a).**

10 1.20 Elternabend. **Was brauchen die Kinder für die Schule? Hören Sie und schreiben Sie.**

4 Hefte

11 1.21 Umlaute

a) **Hören Sie und schreiben Sie die Wörter.**

1. .... 5. ....
2. .... 6. ....
3. .... 7. ....
4. .... 8. ....

b) **Kontrollieren Sie mit dem Wörterbuch oder der Wörterliste hinten im Buch.**

c) **Hören Sie noch einmal und sprechen Sie nach.**

12 Artikel. **Ergänzen Sie den bestimmten oder unbestimmten Artikel.**

1. Ist das ein Kuli? – Ja, das ist der Kuli von Anna.
2. Ist das ein Handy? – Ja, das ist das Handy von David.
3. Ist das ein Buch? – Ja, das ist das Buch von Frau Schiller.
4. Ist das .... Kaffee? – Nein, das ist .... Tee.
5. Ist das eine Katze? – Nein, das ist .... Hund.

13 *ein, eine → kein, keine.* **Schreiben Sie die Antworten.**

1. Ist das ein Kuli? – *Nein, das ist kein Kuli, das ist ein Bleistift.*
2. Ist das ein Stuhl? – Nein, das ist kein Stuhl, das is ein Tisch
3. Ist das ein Rucksack? – Nein das ist kein Rucksack das ist eine Tasche
4. Ist das ein Füller? – Nein das ist kein ein Kuli
5. Ist das ein Handy? – .... ein Compu
6. Ist das ein Buch? – .... ein Heft

14 Verbote. **Schreiben Sie.**

1. ....

3. ....

2. ....

4. ....

15 Verben und Infinitive. **Lesen Sie den Text noch einmal. Markieren Sie alle Verben und schreiben Sie die Infinitive.**

1. *leben*
2. ....
3. ....
4. ....
5. ....
6. ....
7. ....
8. ....
9. ....

Zaira Franca lebt in Sao Paolo. Sie arbeitet bei BASF. Sie lernt Deutsch im Goethe-Institut. Im A1-Kurs. Sie lebt allein und hat ein Kind. Luisa ist 12 und geht in das Colègio Visconde in Porto Seguro. Zaira möchte Deutsch lernen. Sie sagt: „Deutsch ist wichtig für meine Arbeit und die Kurse im Goethe-Institut machen Spaß."

16 Frau Gonzales erzählt über sich

a) **Lesen Sie und sammeln Sie Informationen.**

Ich bin Teresa Gonzales. Ich komme aus Mexiko und lebe in Mexiko-Stadt. Ich bin 20 Jahre alt. Ich bin verheiratet mit José Gonzales. Wir haben keine Kinder. Ich spreche Spanisch, Englisch und Portugiesisch. Ich lerne Deutsch im Goethe-Institut in Mexiko-Stadt. Deutschland ist für mich Technik und Fußball!

1. Wer? ....
2. Wie alt? ....
3. Welche Sprachen? ....

1.22 b) **Was ist anders? Hören Sie und markieren Sie.**

17 Und Sie? **Schreiben Sie einen Ich-Text.**

1. Wie heißen Sie? ....

2. Woher kommen Sie? ....

3. Wo leben Sie? ....

4. Haben Sie Kinder? ....

5. Welche Sprachen sprechen Sie? ....

6. Welche Hobbys haben Sie? ....

7. Was sagen Sie über Deutschland? ....

18 1.23 Was stimmt? **Richtig oder falsch? Hören Sie und kreuzen Sie an.**

a)

	richtig	falsch
1. Tran kommt aus Vietnam.	☐	☐
2. Tran und Viet leben in Jena.	☐	☐
3. Sie haben zwei Kinder.	☐	☐
4. Tran spielt Gitarre.	☐	☐

b)

	richtig	falsch
1. Jakub ist Student.	☐	☐
2. Jakub kommt aus Prag.	☐	☐
3. Er möchte in Deutschland studieren.	☐	☐
4. Sein Hobby ist Sport.	☐	☐

c)

	richtig	falsch
1. Amita arbeitet bei Siemens.	☐	☐
2. Sie lernt Deutsch.	☐	☐
3. Sie ist verheiratet und hat ein Kind.	☐	☐
4. Sie liebt Musik.	☐	☐

19 Biografien. **Lesen Sie die Texte und sammeln Sie Informationen in einer Tabelle.**

Sebastian Vettel kommt aus Heppenheim. Er lebt in der Schweiz und arbeitet international: heute ein Grand Prix in Singapur, Melbourne oder Barcelona und morgen in Manama, Montréal oder Monte Carlo. Er ist Formel 1-Weltmeister 2012. Seine Hobbys sind Mountainbiking, Snowboard und Fitness, aber er hat wenig Zeit.

Maite Kelly kommt aus Deutschland. Ihre Familie, die Kelly-Family-Band, kommt aus den USA und Irland. Maite lebt in Deutschland. Sie ist Sängerin und Musical-Star. Sie ist verheiratet und hat zwei Kinder. Sie spricht Deutsch, Englisch und Spanisch. Ihr Hobby ist Musik.

Fatmire Bajramaj kommt aus dem Kosovo und lebt in Deutschland. Sie hat zwei Brüder. Sie ist Fußballspielerin. Sie spielt auch in der Nationalmannschaft. Sie schreibt gern. Ihr Buch heißt „Mein Tor ins Leben – vom Flüchtling zur Weltmeisterin".

Wer?	Woher?	Beruf?	Hobby?
Sebastian Vettel	....	....	....

20 Das Verb *haben*

a) **Ergänzen Sie die Sätze.**

Kinder – Arbeit – Zeit – Brüder

1. Ich komme aus Brasilien. Ich bin verheiratet und habe drei ....
2. Hast du auch .... ? Nein, ich habe nur eine Schwester.
3. Haben Sie heute Abend .... ? Ja, gern!
4. Er ist Lehrer, aber er hat im Moment keine ....

b) **Ergänzen Sie die Formen von *haben*.**

ich ...., du ...., er/es/sie ...., wir haben, ihr habt, Sie/sie ....

Fit für Einheit 3? Testen Sie sich!

Mit Sprache handeln

Fragen stellen, um Wiederholung bitten

.... Sie das bitte buchstabieren? ...., wie bitte?

Ich .... das nicht. .... Sie das bitte wiederholen?

Was ist das auf ....? Wie .... das auf Deutsch? ▸KB 1.2, 4.3

Wortfelder

Wörter im Kursraum

lesen und ...., hören und ....,

das Heft und der ...., der Bleistift und der ...., ▸KB 1.3, 4.2

Grammatik

Artikel und Pluralformen

der Stift – *die Stifte* ...... Buch – .... Tasche – ......

...... Heft – .... Tisch – .... Brille – ......

...... Stuhl – .... Lampe – .... Becher – ......

▸KB 2.1, 4.2

ein, eine* > *kein, keine

der Stuhl / *ein/kein* Stuhl

Ist das ein Stuhl?

.... Stuhl, das ist ein Tisch.

das Buch / .... Buch

Ist das ein Buch?

.... Buch, das ist ein Heft.

die Brille / .... Brille

Ist das eine Brille?

.... Brille, das ist eine Lampe.

Sind das Brillen?

Nein, ... Brillen. Das sind Lampen.

▸KB 3.1–3.5

Das Verb *haben*

ich ...., du ...., er/es/sie ...., wir ....,

ihr *habt*, Sie/sie .... ▸KB 4.1

Aussprache

Umlaute *ä, ö, ü*

z...hlen, der L...we, die B...cher, f...nf, h...ren, die St...hle ▸KB 2.5

3 Städte – Länder – Sprachen

Hier lernen Sie
- über Städte und Sehenswürdigkeiten sprechen
- über Länder und Sprachen sprechen
- sagen, wo man war
- die geografische Lage angeben

1 Sehenswürdigkeiten in Europa

die Akropolis, Athen

der Big Ben, London

der Eiffelturm, Paris

der Schiefe Turm, Pis

1 Sehenswürdigkeiten und Städte auf Deutsch und in Ihrer Sprache.
Lesen Sie die Bildunterschriften und vergleichen Sie.

2 Was kennen Sie? **Arbeiten Sie mit der Karte hinten im Buch.**

der Eiffelturm	→	in Paris	→	in Frankreich
die Akropolis	→	in Athen	→	...
der Big Ben	→	in ...		
der Schiefe Turm	→	...		

1.26 **3** Was ist das? **Hören Sie. Worüber sprechen die Personen? Kreuzen Sie an.**

1. ☐ Eiffelturm	4. ☐ Athen	7. ☐ Österreich
2. ☐ Akropolis	5. ☐ Wien	8. ☐ Frankreich
3. ☐ Prater	6. ☐ Paris	9. ☐ Griechenland

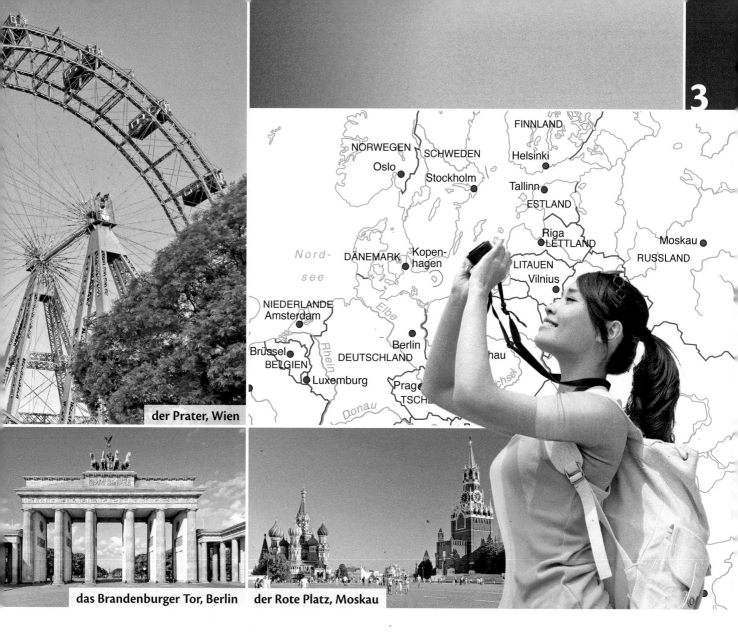

der Prater, Wien

das Brandenburger Tor, Berlin

der Rote Platz, Moskau

1.27

4 Satzakzent

a) **Hören Sie und markieren Sie die Satzakzente.**

1. Was ˈist das? – Das ist der Rote Platz.
2. Und wo ist das? – Der Rote Platz ist in Moskau.
3. Aha, und in welchem Land ist das? – Moskau ist in Russland.

Minimemo

Ländernamen mit Artikel
die Schweiz / in der Schweiz
die USA / in den USA
die Türkei / in der Türkei
die Slowakei / in der Slowakei
der Iran / im Iran

b) **Hören Sie noch einmal und sprechen Sie nach.**

5 Sehenswürdigkeiten. **Zeigen Sie Fotos und sprechen Sie über die Fotos.**

Ü1–2

Was ist das?
Das ist ...
Und wo ist das?
Das ist in ...

Redemittel

so kann man fragen	**so kann man antworten**
Was ist das?	Das ist ...
Wo ist denn das?	Das ist in ...
In welchem Land ist das?	... ist in ...
	Das weiß ich nicht./ Keine Ahnung.

das Dorf

2 Menschen, Städte, Sprachen

1 Ein Treffen im Café

1.28
Ü3–5

a) **Hören Sie und lesen Sie den Dialog. Markieren Sie die Städte- und Ländernamen und suchen Sie sie auf der Karte hinten im Buch.**

- Hallo, Silva!
- Hallo, Carol-Ann! Wie geht's?
- Danke, gut. Trinken Sie auch einen Kaffee?
- Ja, gern. Und sag doch „du"!
- O.k.! Und woher kommst du?
- Ich komme aus Milano. Warst du schon mal in Milano?
- Nein. Wo ist denn das?
- Das ist in Italien.
- Ach, Mailand!
- Ja, genau, warst du schon mal in Italien?
- Ja, ich war in Rom und in Neapel.

b) **Üben Sie den Dialog: andere Namen, andere Städte, andere Länder.**

- Hallo, …
- Hallo, … Wie geht's?
- Danke, … Trinken Sie auch …?
- Ja, gern. Und sag doch „du".
- O.k.! Und woher kommst du?
- Ich komme aus … Warst du schon mal in …?
- Nein, wo ist denn das?
- Das ist in …
- Ach, so!

2 Satzakzent und Melodie in Fragen

1.29
Ü6

a) **Hören Sie den Unterschied?**

Woher 'kommen Sie?

Und woher kommen 'Sie?

b) **Markieren Sie die Melodie.**

Woher kommen Sie?
Woher kommst du?
Waren Sie schon mal in Italien?
Warst du schon in Innsbruck?

1.30

c) **Hören Sie und sprechen Sie nach.**

3 Warst du schon in …? Wo ist denn das?

Ü7

Üben Sie.

- Warst du schon mal in Bremen?
- Nein, wo ist denn das? / Ja, da war ich schon.
- In Deutschland.

- Waren Sie schon mal in …?
- …

Innsbruck in Tirol, Österreich

4 Orientierung auf der Landkarte.

Ü8–9 **Üben Sie im Kurs.**

Kennst du Graz?

Graz? Wo liegt denn das?

Das liegt im Südosten von Österreich, südlich von Wien.

Kennst du …?

nördlich von
im **Norden** von

nordwestlich von

nordöstlich von

westlich von
im **Westen** von

östlich von
im **Osten** von

südwestlich von

südöstlich von

im **Süden** von
südlich von

5 Städteraten. Arbeiten Sie mit der Landkarte. Üben Sie mit anderen Städten.

Die Stadt liegt im Süden von Deutschland.
München?
Augsburg?
Nein, in der Nähe von München.
Ja, genau!

ABC

3 *Warst du schon in ...?* Fragen und Antworten

16.2 Ü10–11

1 Präteritum *sein.*
Lesen Sie die Dialoge auf Seite 50 noch einmal und ergänzen Sie die Tabelle.

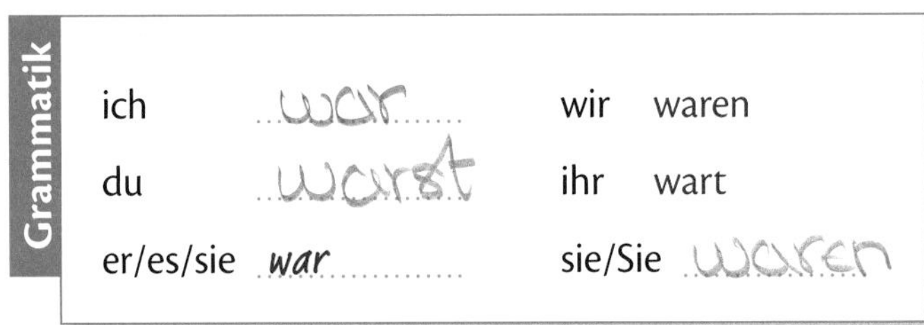

Grammatik

ich	war	wir	waren
du	warst	ihr	wart
er/es/sie	*war*	sie/Sie	waren

1–2 Ü12–13

2 Fragen stellen. Die W-Frage und die Satzfrage

a) **Lesen und vergleichen Sie die Sätze.**

	Ich	komme	aus Polen.
W-Frage	Woher	kommst	du?
Satzfrage	Kommst	du	aus der Türkei?

b) **Sammeln Sie Beispiele für W-Fragen und Satzfragen.**

	Position 2	
....	....	........?
....	....	........?

c) **Ergänzen Sie die Regel.**

Regel In der W-Frage steht das Verb auf Position ....
In der Satzfrage steht das Verb auf Position ....

3 Personenraten im Kurs: Wer ist das?

Ü14 **Eine Kursteilnehmerin / Ein Kursteilnehmer fragt, die anderen antworten mit *Ja/Nein*.**

Kommt er/sie aus ...?
Spricht er/sie ...?
Ist das in ...?
Wohnt er/sie jetzt in ...?
Das ist ...!

1.31

4 Satzakzent und Information. **Hören Sie und markieren Sie die Akzente.**

Das ist Michael.
Michael kommt aus München.
Michael kommt aus der Hauptstadt München.
Michael kommt aus der bayrischen Hauptstadt München.

4 Die Lindenstraße – eine deutsche TV-Serie

1 Hypothesen vor dem Lesen. **Lesen Sie die Überschrift und die Wörter. Worum geht es?**

Sprachen und Kulturen in der TV-Serie Lindenstraße. Heute: Familie Sarikakis

Lindenstraße – seit 1985 – Film-Familie Sarikakis – aus Griechenland – Panaiotis und Elena – Restaurant – Griechisch und Deutsch – Vasily – Mary – verheiratet – Nikos (12)

2 Lesen und Hypothesen prüfen. **Lesen Sie den Zeitungsartikel. Stimmen Ihre Hypothesen?**

TV - sehen & hören

Sprachen und Kulturen in der TV-Serie Lindenstraße. Heute: Familie Sarikakis

Die Lindenstraße ist eine deutsche TV-Serie. Es gibt sie seit 1985. Die Serie spielt in München. In der Lindenstraße wohnen Familien, Paare, Singles und Wohngemeinschaften mit und ohne Kinder. Die Film-Familie Sarikakis kommt aus Thessaloniki. Das liegt im Norden von Griechenland. Panaiotis und Elena haben ein Restaurant in der Lindenstraße, das „Akropolis". Sie sprechen Deutsch und Griechisch. Sie sind jetzt 30 Jahre in Deutschland. Panaiotis und Elena haben einen Sohn, er heißt Vasily. Er arbeitet auch im Restaurant. Er war mit Mary verheiratet. Mary kommt aus Nigeria. Sie spricht Yoruba, Englisch, Deutsch und ein bisschen Griechisch. Vasily und Mary haben einen Sohn, Panaiotis Nikos, kurz: Niko. Er ist 12. Mary und Niko leben jetzt in Köln.

3 Nach dem Lesen Informationen ordnen

Ü15–16

a) **Wer ist wer auf dem Foto? Schreiben Sie die Namen zum Foto in 1.**

b) **Sammeln Sie Informationen zu den Personen und berichten Sie im Kurs.**

Name	Land	Wohnort	Sprachen
....	....	....	....
....	....	....	....

ABC

5 Über Länder und Sprachen sprechen

1 Campus-Radio. Ein Interview mit internationalen Studenten. **Hören Sie und kreuzen Sie an.**

1.32 Ü17

Laura (22), Pisa

Piet (24), Brüssel

Laura	Piet	Laura und Piet	
X			studiert/studieren in Bologna.
	X		spricht/sprechen Niederländisch.
		X	braucht/brauchen Deutsch und Englisch im Studium.
X			studiert/studieren Deutsch.

2 Sprachen in Europa. **Beschreiben Sie die Grafik.**

Ü18–19

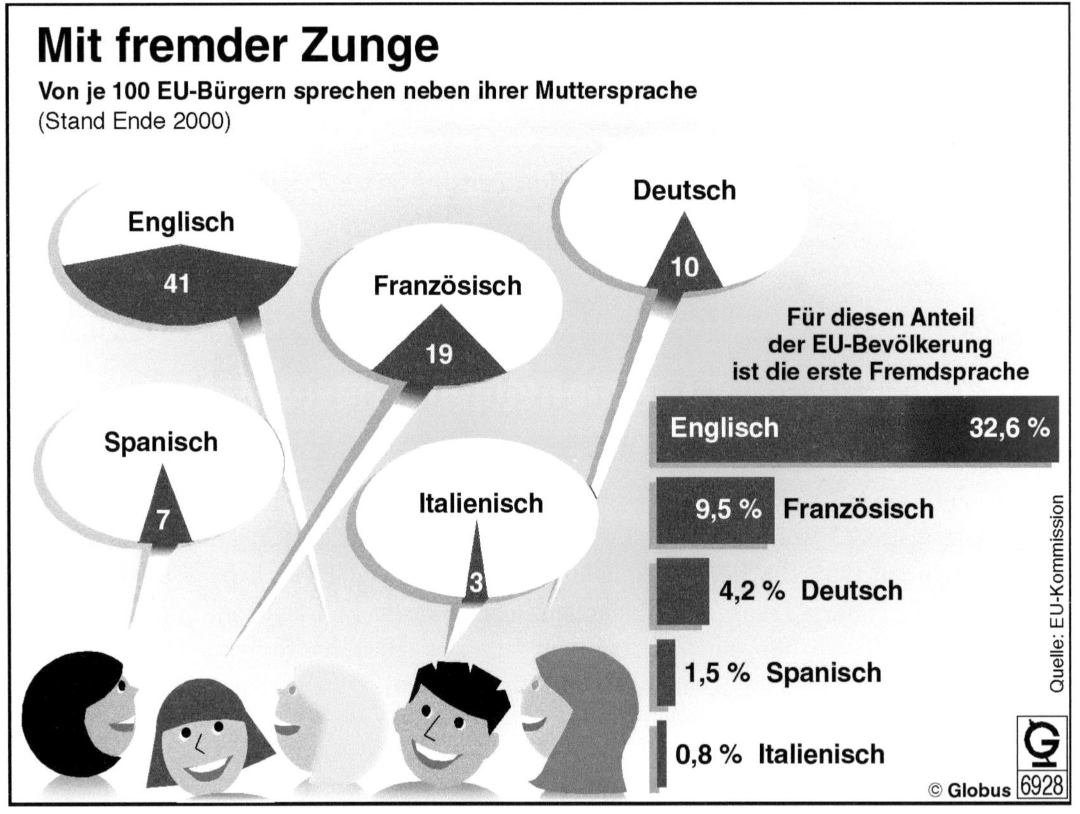

41 Prozent sprechen Englisch. 19 ...

3 Prozent sprechen ...

3 Länder und Sprachen. **Hören Sie und ordnen Sie zu. Wo wechselt der Akzent?**

1.33

'Dänemark – 'Dänisch	'Frankreich – Fran'zösisch
....	....
....	....

Tschechien – Tschechisch
Slowakei – Slowakisch
Polen – Polnisch
Italien – Italienisch

4 Sprachen im Kurs.
Ü20 **Machen Sie eine Tabelle.**

*Ich heiße Laura. Ich komme aus Italien.
Dort spricht man Italienisch und in Südtirol auch Deutsch.
Ich spreche Italienisch, Englisch und Deutsch.*

Name	*Land/Region*	*Sprachen*
....	....	....

5 Konversation. **Fragen und antworten Sie.**

Sprichst du Deutsch ?
Und woher kommst du?
Wo liegt das denn?
Welche Sprache(n) sprichst du?
Ja, ich spreche etwas Deutsch.
Ich komme aus ...
Das liegt ...
Ich spreche Englisch und ...

Redemittel

über Sprachen sprechen

Sprechen Sie ...? / Sprichst du ...?	Ich spreche ...
Was sprechen Sie? / Was sprichst du?	
Welche Sprache(n) sprechen Sie? / sprichst du?	
Welche Sprachen spricht man in ...?	Bei uns spricht man ...
Was spricht man in ...?	

6 Mehrsprachigkeit im Alltag

a) **Was verstehen Sie?**

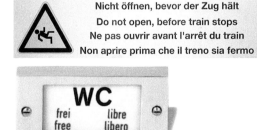

Nicht öffnen, bevor der Zug hält
Do not open, before train stops
Ne pas ouvrir avant l'arrêt du train
Non aprire prima che il treno sia fermo

b) **Sammeln Sie weitere Beispiele.**

7 Name – Stadt – Region – Land – Sprachen. **Schreiben Sie einen Ich-Text.**

Ich heiße ... Ich komme aus ... Ich wohne jetzt in ... Bei uns in ... spricht man ...

ABC

3 Übungen

1 Fragen und Antworten. **Ordnen Sie zu.**

Was ist das?	1	a	Der Markusplatz ist in Venedig.
Wo ist das?	2	b	Das ist in Italien.
In welchem Land ist das?	3	c	Das ist der Markusplatz.

2 Kennen Sie das? **Was? Wo? In welchem Land? Schreiben Sie Sätze.**

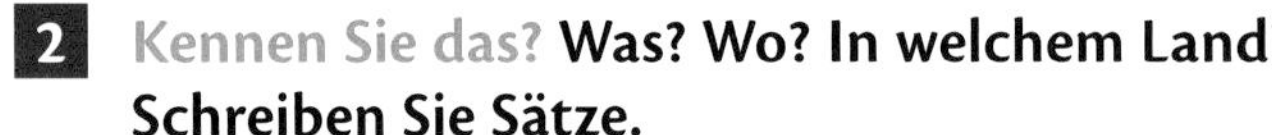

1 das Bauhaus-Museum, Weimar (D)

3 die Elbphilharmonie, Hamburg (D)

5 die Hofburg, Wien (A)

2 das Kunsthaus, Graz (A)

4 die Kapellbrücke, Luzern (CH)

6 das Zentrum Paul Klee, Bern (CH)

1. *Das ist das Bauhaus-Museum in Weimar.*
   Weimar ist in Deutschland.
2. ....
3. ....
4. ....
5. ....
6. ....

3 Woher kommen die Personen? Wo ist das? **Hören Sie und ordnen Sie zu.**

1.24

A Frank	1 kommt aus Interlaken.	a Das ist in den USA.
B Mike	2 kommt aus Prag.	b Das ist in Deutschland.
C Nilgün	3 kommt aus San Diego.	c Das ist in der Schweiz.
D Stefanie	4 kommt aus Koblenz.	d Das ist in der Türkei.
E Světlana	5 kommt aus Izmir.	e Das ist in Tschechien.

4 Ich bin Erkan. Lesen Sie den Text und ergänzen Sie die Präpositionen.

Ich heiße Erkan. Ich komme .... Berlin. Ich wohne .... Kreuzberg.

Meine Familie kommt .... Adana, das ist .... der Türkei.

5 Warst du schon mal in ...?

1.25

a) **Ergänzen Sie den Dialog. Hören Sie und kontrollieren Sie.**

ist – ist – ist – komme – komme – kommst – kommst – war – Warst

- Carlos, woher .... du?
- Ich .... aus Brasilia. Das .... in Brasilien. Und du, woher .... du?
- Ich .... aus Russe. .... du schon mal in Russe?
- Nein, wo .... denn das?
- Das .... in Bulgarien.
- Ah, ich .... schon mal in Sofia!

b) **Schreiben Sie einen Dialog wie in a). Die Dialoggrafik hilft.**

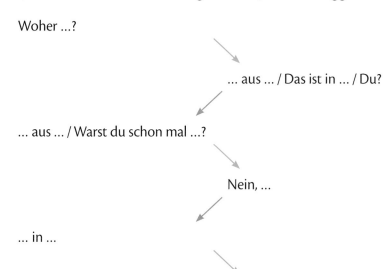

Woher ...?

... aus ... / Das ist in ... / Du?

... aus ... / Warst du schon mal ...?

Nein, ...

... in ...

Ah, ich war schon mal in ...

1.26

6 Satzakzent und Melodie in Fragen

a) **Hören Sie und markieren Sie die Melodie.**

1. Wie 'ist dein Name? — Und wie ist 'dein Name?
2. Wo liegt denn Bern? — Und wo liegt Zürich?
3. Warst du schon mal in Leipzig? — Und warst du schon mal in München?
4. In welchem Land ist das? — Und in welchem Land ist das?

b) **Hören Sie noch einmal und sprechen Sie nach.**

7 Flüssig sprechen. **Hören Sie und sprechen Sie nach.**

1.27

1. in Linz? – schon mal in Linz? – Warst du schon mal in Linz?
2. das? – ist denn das? – In welchem Land ist denn das?
3. Österreich. – in Österreich. – Das ist in Österreich.

8 Orientierung auf der Landkarte: Wo liegt ...? **Schreiben Sie Sätze. Arbeiten Sie mit der Karte vorne im Buch.**

1. Augsburg – München Augsburg liegt im Nordwesten von München.
2. Wien – Linz ....
3. Bern – Basel ....
4. Erfurt – Weimar ....
5. Klagenfurt – Wien ....
6. Zürich – Bern ....

9 Wo liegt ...? **Hören Sie und kreuzen Sie an. Was ist richtig?**

1.28

1. Moldawien ist ...
   - a [ ] in Rumänien.
   - b [ ] nördlich von Rumänien.
   - c [ ] im Osten von Rumänien. östleich
2. Cahul liegt ...
   - a [x] südwestlich von Kischinau.
   - b [ ] südlich von Kischinau.
   - c [ ] westlich von Kischinau.
3. Duisburg liegt ...
   - a [x] nördlich von Köln.
   - b [ ] südöstlich von Köln.
   - c [ ] im Süden von Köln.
4. Lüdenscheid ist ...
   - a [ ] nördlich von Köln.
   - b [x] nordöstlich von Köln.
   - c [ ] östlich von Köln.

10 Ein Urlaubsblog. **Ergänzen Sie *sein* im Präteritum.**

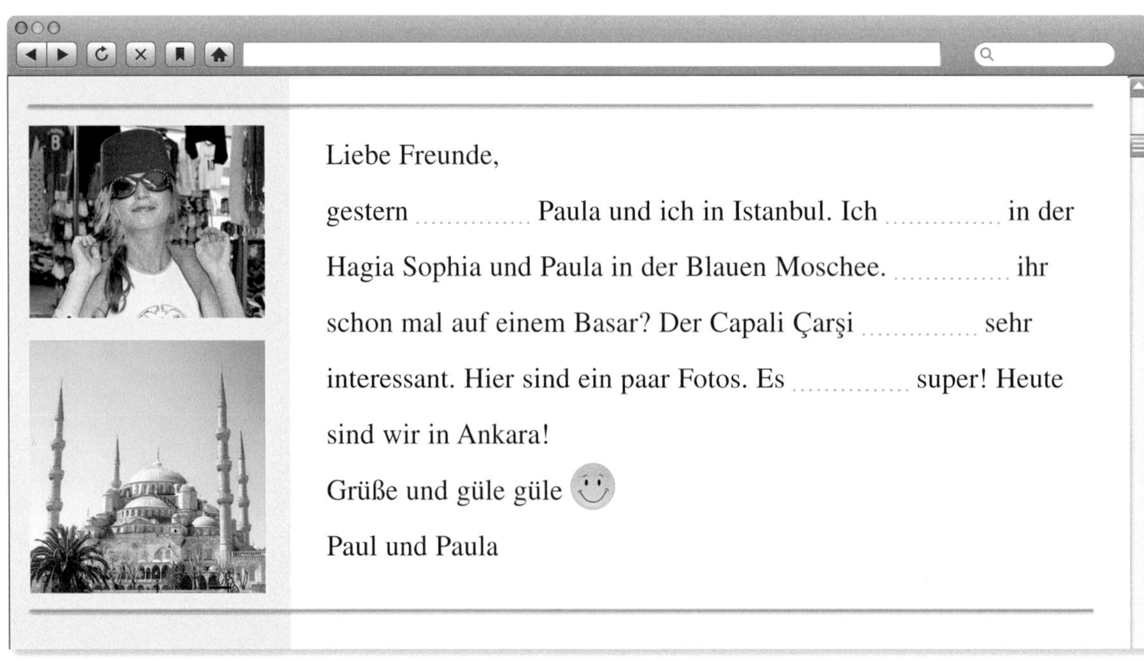

Liebe Freunde,

gestern .... Paula und ich in Istanbul. Ich .... in der Hagia Sophia und Paula in der Blauen Moschee. .... ihr schon mal auf einem Basar? Der Capali Çarşi .... sehr interessant. Hier sind ein paar Fotos. Es .... super! Heute sind wir in Ankara!

Grüße und güle güle

Paul und Paula

11 SMS lesen. **Ergänzen Sie *sein* im Präsens oder Präteritum.**

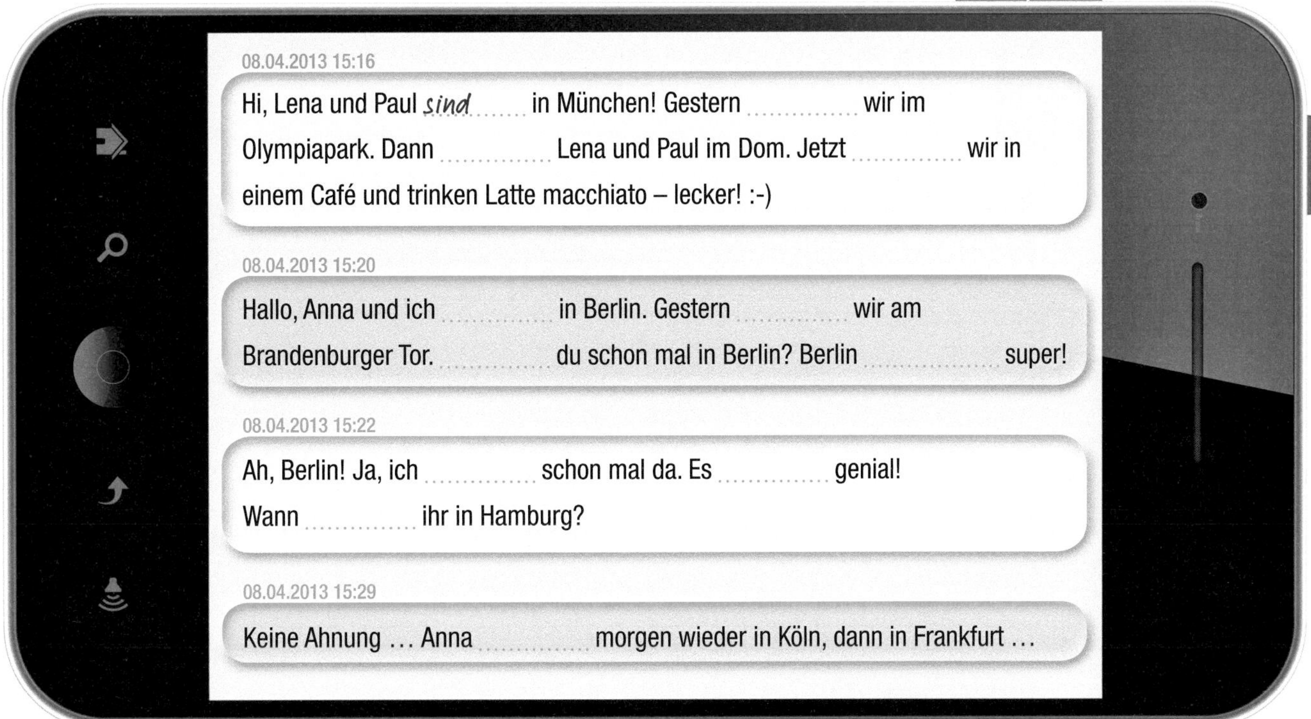

08.04.2013 15:16
Hi, Lena und Paul sind .... in München! Gestern .... wir im Olympiapark. Dann .... Lena und Paul im Dom. Jetzt .... wir in einem Café und trinken Latte macchiato – lecker! :-)
08.04.2013 15:20
Hallo, Anna und ich .... in Berlin. Gestern .... wir am Brandenburger Tor. .... du schon mal in Berlin? Berlin .... super!
08.04.2013 15:22
Ah, Berlin! Ja, ich .... schon mal da. Es .... genial! Wann .... ihr in Hamburg?
08.04.2013 15:29
Keine Ahnung … Anna .... morgen wieder in Köln, dann in Frankfurt …

12 Satzfragen. **Was passt zusammen? Verbinden Sie.**

Ist das Hamburg?	1	a	Nein, aus Norditalien.
Sprechen Sie auch Chinesisch?	2	b	Ja, in Poznań.
Kommt Uri aus der Schweiz?	3	c	Nein, nur Deutsch und Japanisch.
Liegt Köln südlich von Düsseldorf?	4	d	Nein, wo ist denn das?
Wohnt Jarek in Polen?	5	e	Ja, im Süden von Düsseldorf und Duisburg.
Warst du schon mal in Lüdenscheid?	6	f	Ja, das ist der Hafen von Hamburg.

13 Fragen stellen

a) **Schreiben Sie Fragen.**

1. Wo (ist) Poznań?	Poznań ist in Polen.
2.	Polen liegt östlich von Deutschland.
3	Ja, Tschechien liegt auch im Osten.
4.	Nein, ich war nicht in Polen.
5.	Ja, Darek kommt aus Poznań.
6.	Małgorzata kommt aus Warschau.

b) **Markieren Sie die Verben wie im Beispiel.**

14 Wer ist Fatih Akin? **Lesen Sie. Korrigieren Sie die Sätze und schreiben Sie sie richtig.**

Fatih Akin (*25. 8. 1973 in Hamburg) kommt aus Deutschland und wohnt in Hamburg. Seine Eltern kommen aus der Türkei und wohnen auch in Hamburg. Er spricht Deutsch, Türkisch und Englisch. Er ist Regisseur, macht Filme und arbeitet manchmal auch als DJ.

1. Fatih Akin kommt aus der Türkei. ....
2. Seine Eltern leben in der Türkei. ....
3. Er spricht Deutsch und Türkisch. ....
4. Er macht Filmmusik. ....

15 Hypothesen vor dem Hören. **Sammeln Sie Informationen zu den Fotos aus dem Familienalbum von Frau Baier.**

Familie: .... Wohnort: ....

Land: .... Sprachen: ....

16 Hören und Hypothesen prüfen

1.29

a) **Stimmen Ihre Hypothesen in 15? Hören Sie und vergleichen Sie.**

b) **Was ist richtig? Hören Sie noch einmal und kreuzen Sie an.**

1. Frau Baier hat ...
   a ☐ ein Kind.
   b ☐ kein Kind.
2. Frau Baier kommt ...
   a ☐ aus Österreich.
   b ☐ aus Deutschland.
3. Innsbruck liegt ...
   a ☐ im Westen von Österreich.
   b ☐ im Westen von Tirol.
4. In Tirol spricht man ...
   a ☐ Deutsch.
   b ☐ Deutsch, Italienisch und Englisch.

17 Aus der Studentenzeitschrift: Wer ist wer?

a) **Lesen Sie und schreiben Sie Fragen.**

Hye Youn Park

Ihr Name ist Hye Youn Park. Sie studiert Chemie. Sie kommt aus Seoul. Das liegt im Norden von Südkorea. In Südkorea spricht man Koreanisch. Hye Youn spricht Koreanisch, Deutsch und Englisch.

Prof. Jüri Tamm

Das ist Professor Jüri Tamm. Er kommt aus Tartu in Estland. Estland liegt nördlich von Lettland. Herr Tamm spricht Estnisch, Russisch, Englisch und Deutsch.

27

1. *Woher* ....?
2. *Wo* ....?
3. *Welche* ....?

b) **Beantworten Sie die Fragen für Hye Youn Park und für Jüri Tamm.**

Hye Youn Park	Jüri Tamm
1.	....
2.	....
3.	....

18 Sprachen aus der ganzen Welt. **Hören Sie und ordnen Sie zu.**

1.30

Vážené dámy a pánové, dobrý večer!

女士们，先生们，晚上好！

a ☐ Tschechisch

c ☐ Chinesisch

مساء الخير سيداتي وسادتي

Good evening ladies and gentlemen!

b ☐ Arabisch

d ☐ Englisch

19 Nachbarländer – Nachbarsprachen. **Lesen Sie den Text und sammeln Sie Informationen.**

Welche Sprache sprechen die Nachbarn von Deutschland?

Deutschland liegt im Zentrum von (West-)Europa. Es hat neun Nachbarländer. Im Osten liegt Polen, hier spricht man Polnisch. Südlich von Polen liegt Tschechien, dort spricht man Tschechisch. Südlich von Deutschland liegen Österreich und die Schweiz. In Österreich spricht man Deutsch und Slowenisch. Westlich von Österreich liegt die Schweiz. Hier spricht man vier Sprachen: Deutsch, Italienisch, Französisch und Rätoromanisch. Französisch spricht man in Frankreich. Das liegt südwestlich von Deutschland. Im Westen und Nordwesten sind Luxemburg, Belgien und die Niederlande. In Luxemburg spricht man drei Sprachen: Deutsch, Französisch und Luxemburgisch. Das ist die Nationalsprache in Luxemburg. In Belgien spricht man auch drei Sprachen: Niederländisch, Deutsch und Französisch. In den Niederlanden spricht man Niederländisch und Friesisch. Nördlich von Deutschland liegt Dänemark. In Dänemark spricht man Dänisch und Deutsch.

Land	Sprache(n)
Belgien	Französisch, Deutsch, Niederländisch
Dänemark	
Frankreich	
Luxemburg	
Niederlande	
Österreich	
Polen	
Schweiz	
Tschechien	

20 Textkaraoke

a) **Woher kommen Sie? Welche Sprachen sprechen Sie? Ergänzen Sie.**

…

Ich komme aus ....

…

Bei uns spricht man ....

…

Ich spreche .... Und Sie?

…

1.31 b) **Hören Sie und sprechen Sie die -Rolle im Dialog.**

Fit für Einheit 4? Testen Sie sich!

Mit Sprache handeln

über Städte und Sehenswürdigkeiten sprechen

Was ist das?	Die Akropolis .... Athen.
.... die Akropolis.	In welchem ....?
Wo ....?	Das .... Griechenland.

▸ KB 1.1–1.5

über Länder und Sprachen sprechen

Sprichst du Polnisch? 1	a Ich spreche Deutsch und Englisch.
Welche Sprache spricht man in Italien? 2	b Italienisch und Deutsch.
Welche Sprachen sprechen Sie? 3	c Nein, ich spreche Russisch.

▸ KB 5.1–5.7

sagen, wo man war

Warst du schon mal in Athen? ☺ ....

☹ ....

▸ KB 2.1–2.3

die geografische Lage angeben

.... München?

München .... Frankfurt.

▸ KB 2.4–2.5

Wortfelder

Himmelsrichtungen

der Norden – nördlich, ...

▸ KB 2.4

Sprachen

Deutschland – ....; Polen – ....

▸ KB 5.2–5.4

Grammatik

Satz- und W-Fragen

.... Sie?	Ich komme aus der Türkei.
.... Istanbul?	Ja, ich war schon in Istanbul.

▸ KB 3.2–3.3

Präteritum von *sein*

ich ....; du ....; er/es/sie ....; wir ....; ihr ....; sie/Sie ....

▸ KB 3.1

Aussprache

Satzakzent und Melodie, Wortakzent

'Dänisch, Französisch   Woher kommen Sie? Und Sie, woher kommen Sie?

▸ KB 1.4, 2.2, 3.4

Station 1

1 Berufsbilder

1 Beruf Deutschlehrerin

a) **Welche Wörter kennen Sie? Sammeln Sie.**

Material	Tätigkeit	Orte	Kontakte/Partner
Lehrbuch	lesen	Universität	Studenten ....

b) **Lesen Sie den Text. Ergänzen Sie die Tabelle in a).**

Serie: Berufe an der Universität

Regina Werner, Deutschlehrerin

Regina Werner ist Deutschlehrerin. Sie hat in Jena Germanistik und Anglistik studiert. Seit 20 Jahren arbeitet sie als Deutschlehrerin. Sie hat Kurse an der Universität und in einem Sprachinstitut. Im Sprachinstitut hat sie vier Kolleginnen. „Viele Stunden Unterricht, abends korrigieren, und kein fester Job. Aber der Beruf macht Spaß“, sagt sie. Sie arbeitet gern mit Menschen und mag fremde Kulturen. Ihre Studenten kommen aus China, Russland, aus der Türkei und Südamerika. Sie arbeitet mit Lehrbüchern, Wörterbüchern, mit Video, dem Whiteboard und dem Internet. Frau Werner und die Studenten machen oft Projekte. Sie besuchen den Bahnhof, ein Kaufhaus, das Theater – dort kann man Deutsch lernen. Die Studenten finden die Projekte gut.

aus: Uni-Journal

2 Informationen über Regina Werner. **Ergänzen Sie Fragen und Antworten.**

1. .... — Regina Werner.
2. Wo .... sie? — An der Universität.
3. Was sagt sie? — „Der Beruf macht ....“
4. .... — Aus China, ...
5. Was macht sie? — Sie arbeitet mit ....

....

3 Beruf Student. **Lesen Sie die Informationen über Andrick. Was ist richtig? Kreuzen Sie an und korrigieren Sie die falschen Informationen.**

Uni international

Andrick Razandry, Student

Das ist Andrick Razandry. Er kommt aus Madagaskar, aus Tamatave. Das ist im Osten von Madagaskar, am Indischen Ozean. Er hat dort an der Universität studiert. Seit zwei Jahren lebt er in Deutschland. Er studiert Deutsch als Fremdsprache an der Friedrich-Schiller-Universität in Jena. Andrick hat 18 Stunden Unterricht pro Woche. Er arbeitet gern in der Bibliothek. Er sagt: „In der Bibliothek kann ich meine E-Mails lesen und gut arbeiten. Abends ist es dort sehr ruhig." Er kennt viele Studenten und Studentinnen. Die Universität ist international. In den Seminaren sind Studenten und Studentinnen aus vielen Ländern, aus Indien, Brasilien und dem Iran. „Am Anfang war für mich alles sehr fremd hier. Jetzt ist es okay. Ich habe viele Freunde und wir lernen oft zusammen." Andrick spricht vier Sprachen: Madagassisch, Französisch, Deutsch und Englisch. *aus: Uni-Journal*

1. ☐ Andrick studiert in Tamatave.
2. ☐ Er lebt seit zwei Jahren in Deutschland.
3. ☐ Er hat 16 Stunden Unterricht in der Woche.
4. ☐ Er liest E-Mails in der Bibliothek.
5. ☐ Er findet in Jena keine Freunde.

4 Lehrerin – Student: wichtige Wörter. **Machen Sie ein Wörternetz.**

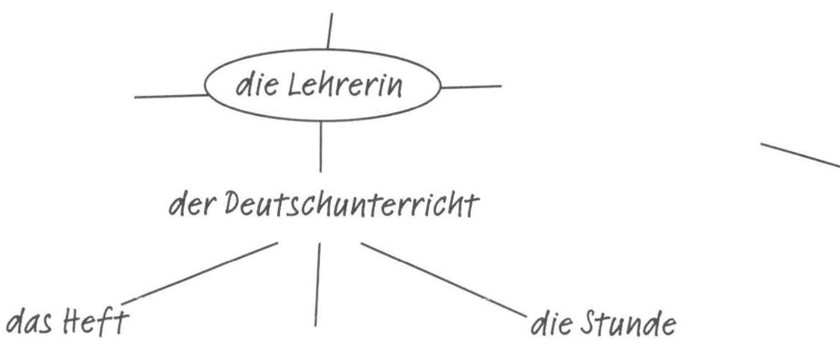

die Universität

der Student

2 Themen und Texte

1 Begrüßungen. **Was sagt/macht man wo?**

Begrüßung international

In Deutschland und in Österreich gibt man meistens die Hand. Aus Frankreich, Spanien und Italien kommt eine andere Tradition: Man küsst Bekannte einmal, zweimal oder dreimal. Und in Ihrem Land?

Du oder Sie?

Es gibt keine Regeln. „Sie" ist offiziell, formal und neutral. Freunde und gute Bekannte sagen „du". Aus England und aus den USA kommt eine andere Variante: „Sie" mit Vornamen. Das ist in Deutschland in internationalen Firmen und auch an Universitäten sehr populär.

GRÜß GOTT

Begrüßung und Verabschiedung regional

„Guten Morgen", „Guten Tag", „Guten Abend" (ab 18 Uhr) und „Auf Wiedersehen" sind neutral. „Hallo" und „Tschüss" hört man sehr oft. Das ist nicht so formal. In Österreich sagt man auch „Servus" und in der Schweiz „Grüezi" und „Auf Wiederluege". In Norddeutschland sagen viele Menschen nicht „Guten Tag", sie sagen „Moin, Moin". In Süddeutschland grüßt man mit „Grüß Gott".

Begrüßung und Verabschiedung	
in Deutschland/Österreich/der Schweiz	in Ihrem Land
....	....

2 Ich-Texte schreiben. **Stellen Sie sich vor.**

Liebe …
ich heiße … Ich komme aus … Das liegt (bei) …
Ich bin … Ich spreche …
Ich wohne … Und du? Bitte antworte schnell.

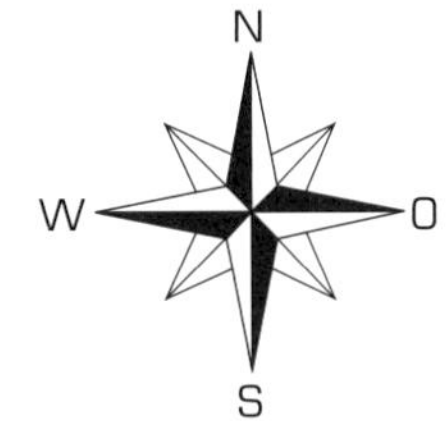

3 Wörter – Spiele – Training

1 Grammatikbegriffe. **Diese Begriffe haben wir in den Einheiten 1 bis 3 verwendet. Ordnen Sie die markierten Wörter zu.**

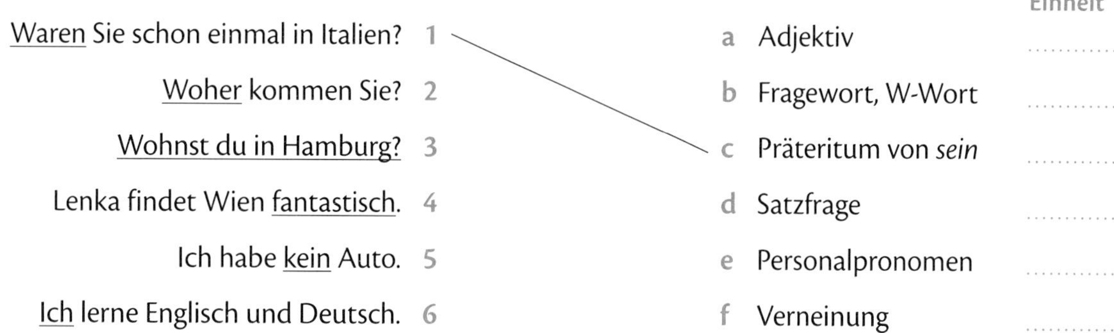

				Einheit
Waren Sie schon einmal in Italien?	1	a	Adjektiv	…………
Woher kommen Sie?	2	b	Fragewort, W-Wort	…………
Wohnst du in Hamburg?	3	c	Präteritum von *sein*	…………
Lenka findet Wien fantastisch.	4	d	Satzfrage	…………
Ich habe kein Auto.	5	e	Personalpronomen	…………
Ich lerne Englisch und Deutsch.	6	f	Verneinung	…………

2 Ein Grammatiktest. **Ergänzen Sie die Verben.**

sprechen (2x) – kommen – wohnen – möchten – trinken – kennen – liegen – sein

1. M………… du Kaffee? Nein danke, ich t………… Tee.
2. K………… du aus Spanien? Nein, aus Italien.
3. Wo ………… Sie? In der Holzhausenstraße.
4. ………… du Französisch? Nein, ich ………… Polnisch und Deutsch.
5. ………… du Potsdam? Nein, wo ………… das?
6. ………… du schon mal in Bremerhaven? Nein, wo ist das?

3 Ein Quiz: 6 mal 4 Wörter auf Deutsch. **Ergänzen Sie.**

4 Länder	…………	…………	…………	…………
4 Sprachen	…………	…………	…………	…………
4 Getränke	…………	…………	…………	…………
4 Dinge im Kurs	…………	…………	…………	…………
4 Städte	…………	…………	…………	…………
4 deutsche Familiennamen	…………	…………	…………	…………

1.34 **4** Das Radioprogramm von heute. Die Umlaute *ä, ö, ü* und das *ch*.
Hören Sie und ordnen Sie zu.

Schöne Grüße!	1	a	Tschechisches Märchen
Küchenduell	2	b	Dänisches Hörspiel
Stadtgespräch	3	c	Französische Dokumentation
Das schöne Mädchen	4	d	Österreichische Talkshow

4 Filmstation

3

1 Vier junge Leute in Berlin

a) **Janine, Lukas, Erkan und Aleksandra. Sehen Sie die Szene und ordnen Sie die Namen zu. Wie alt sind sie?**

Name: .... Alter: ....

Name: .... Alter: ....

Name: .... Alter: ....

Name: .... Alter: ....

b) **Was ist hier falsch? Lesen Sie und finden Sie acht Fehler.**

Erkan ist aus Berlin. Er wohnt in Kreuzberg. Seine Eltern kommen aus der Türkei und leben schon seit 20 Jahren hier. Sie haben einen Obst- und Gemüseladen. Erkan hat zwei Hobbys: Musik und Radfahren.
Lukas ist 24. Er studiert an der Humboldt-Universität in Berlin. Seine Eltern kommen aus Friedrichshain. Seine Freundin **Janine** ist 22. Sie wohnt in Jena und arbeitet im Fitness-Studio. Sie studiert Spanisch und Philosophie. Sie kommt aus Hamburg und lebt seit zwei Jahren in Berlin. Am Wochenende arbeitet sie nicht.
Aleksandra ist 21 und lebt noch nicht lange in Berlin. Sie sucht ein Praktikum in einem Verlag.

c) **Schreiben Sie den Text neu.**

Erkan ist aus Berlin. Er wohnt ...

2 Ist hier noch frei?

4

a) **Sehen Sie die Szene und ergänzen Sie den Dialog.**

Erkan: Entschuldigung, ist hier noch ....?

Aleksandra: Entschuldigung. Ja klar, ...!

Erkan: .... du auch hier?

Aleksandra: Ja, ich .... Aleksandra. Und du?

Erkan: Freut mich, ich bin Erkan. Ich mache hier den Judo-.................. .
Möchtest du was ....?

Aleksandra: .... weiß nicht, ein Wasser vielleicht.

Erkan: Ok! Zwei ...., bitte. Was macht ....?

Janine: 2,80 Euro.

Erkan: Hey, Lukas. Wie gehts?

Lukas: Danke, ... Sorry, ich habe keine Zeit.

Aleksandra: ....!

Erkan: .... du hier in Kreuzberg?

Aleksandra: Ja, gleich um die Ecke .... der Bergmannstraße.
Und ....?

Erkan: Ich .... in der Kochstraße. Ich .... oft hier.
So drei- bis viermal die Woche.

b) **Vergleichen Sie mit Ihrer Partnerin / Ihrem Partner.**

5 Magazin

1.35

empfindungswörter

aha die deutschen
ei die deutschen
hurra die deutschen
pfui die deutschen
ach die deutschen
nanu die deutschen
oho die deutschen
hm die deutschen
nein die deutschen
ja ja die deutschen

Rudolf Otto Wiemer

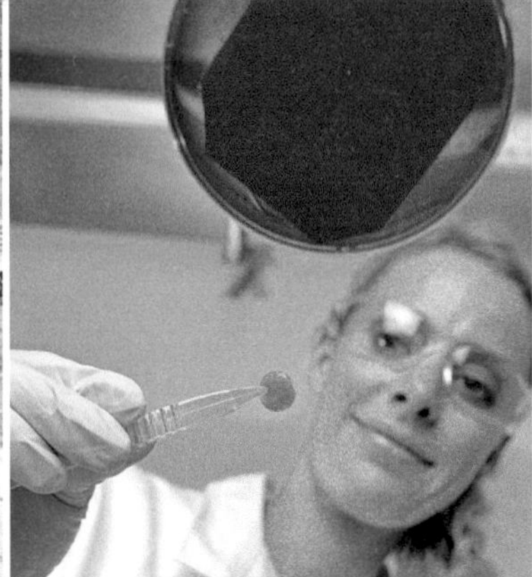

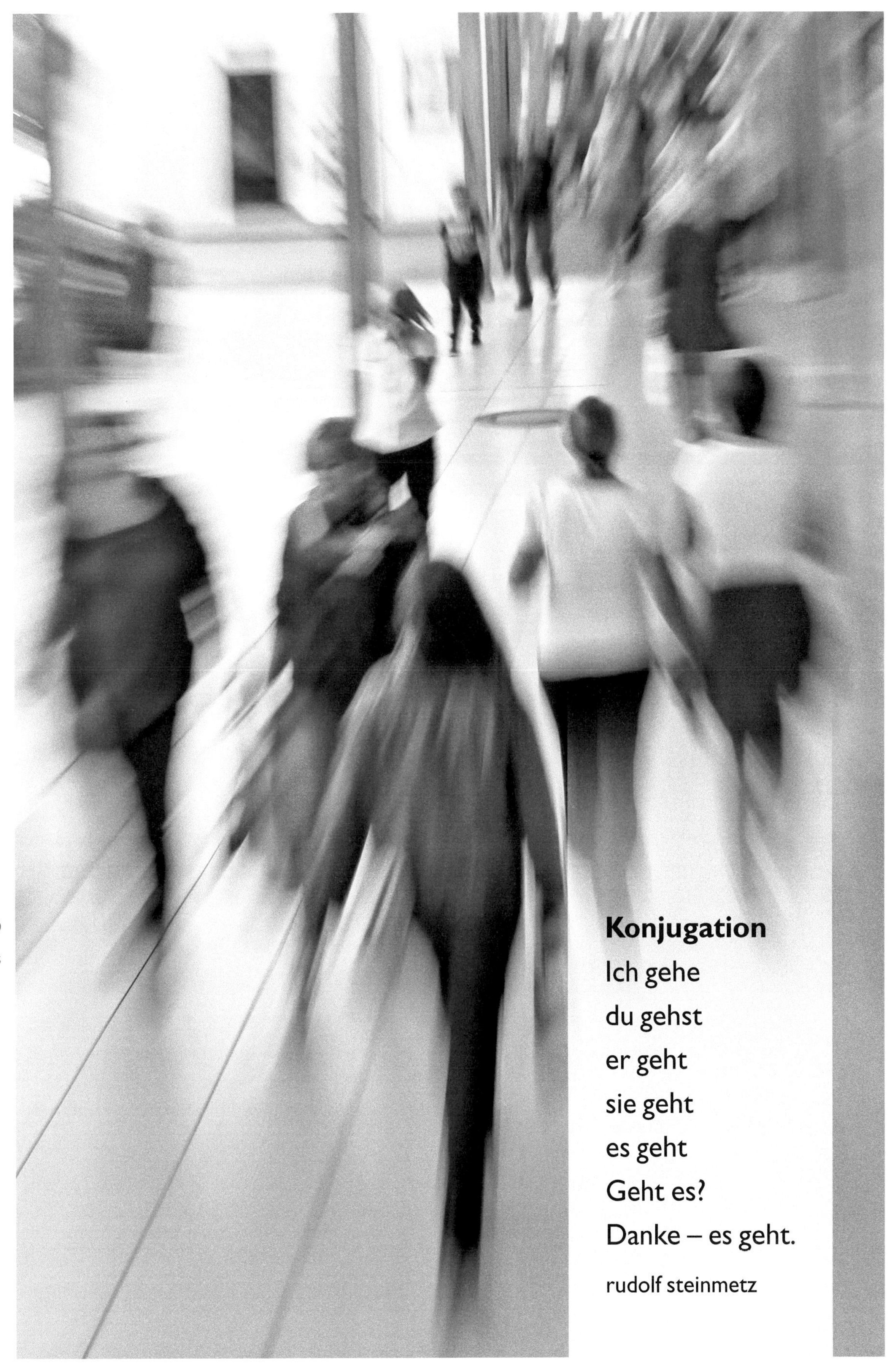

1.36

Konjugation

Ich gehe
du gehst
er geht
sie geht
es geht
Geht es?
Danke – es geht.

rudolf steinmetz

4 Menschen und Häuser

Hier lernen Sie

- Wohnungen und Häuser beschreiben und kommentieren
- Adressen schreiben
- über Wohnen in anderen Ländern sprechen
- Wörter zum Thema Wohnen und Möbel mit System lernen

1 Wohnen in Deutschland, Österreich und der Schweiz

a das Zimmer im Studentenwohnheim

b das Bauernhaus

1 Wer wohnt wo? **Lesen Sie die Texte und ordnen Sie die Fotos zu.**

Ü1

1. ☐ Petra Galle (39) und ihr Mann Guido (41) wohnen in Olpe. Sie haben zwei Kinder: Mia (9) und Annika (5). Sie haben ein Haus mit Garten. Petra findet den Garten zu groß.
2. ☐ Uli Venitzelos (49) und seine Kinder David (22) und Lena (17) haben eine Altbauwohnung in der Goethestraße in Kassel. Sie leben gerne in der Stadt.
3. ☐ Hans-Jürgen und Eva Prohaska (beide 72) wohnen auf dem Land in der Nähe von Puchberg. Ihr Haus ist ziemlich alt, aber sehr groß. Sie sagen: „Unser Haus liegt sehr ruhig."
4. ☐ Anja Jungblut (24) studiert in Dresden. Sie hat ein Zimmer im Studentenwohnheim im Hochhaus in der Petersburger Straße. Ihr Zimmer ist 14 qm groß. Anja findet das Zimmer sehr klein und das Wohnheim zu laut.
5. ☐ Paolo Monetti (55) und Kateryna Guzieva (54) leben in Mainz. Sie haben ein Reihenhaus. Sie finden das Haus klein, aber gemütlich. Und die Nachbarn sind nett.

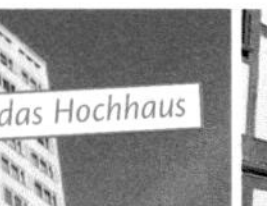

d das Reihenhaus

c Altbauwohnungen

e das Einfamilienhaus

2 Adressen

a) **Welche Adresse ist richtig? Hören Sie und kreuzen Sie an.**

1.37
Ü2

1. ☒ Goethestraße 117
34119 Kassel

2. ☐ Goethestraße 17
34129 Kassel

3. ☐ Goethestraße 170
43119 Kassel

Goethestraße

b) **Wie ist Ihre Adresse? Diktieren Sie.**

3 Und Sie? Wo wohnen Sie? **Fragen Sie im Kurs.**

Ü3

Redemittel

über Wohnungen sprechen

Ich Wir	wohne wohnen	gern	auf dem Land / in der Stadt / auf dem Bauernhof. im Hochhaus. in der Goethestraße.
Wir	haben		eine Altbauwohnung / ein Einfamilienhaus / …
Meine Wohnung / Unser Haus	ist		klein/groß. modern/alt. sehr gemütlich.

ABC

2 Wohnungen beschreiben

1 Eine Wohnung zeigen

Ü4–6

a) **Wie heißen die Zimmer? Die Wörterliste hilft.**

1. wohnen: das Wohnzimmer
2. essen: das esszimmer
3. schlafen: das schlafzimmer
4. spielen: spielezimmer
5. arbeiten: arbeitszimmer
6. baden: das bad / badenzimmer
7. kochen: die Küche

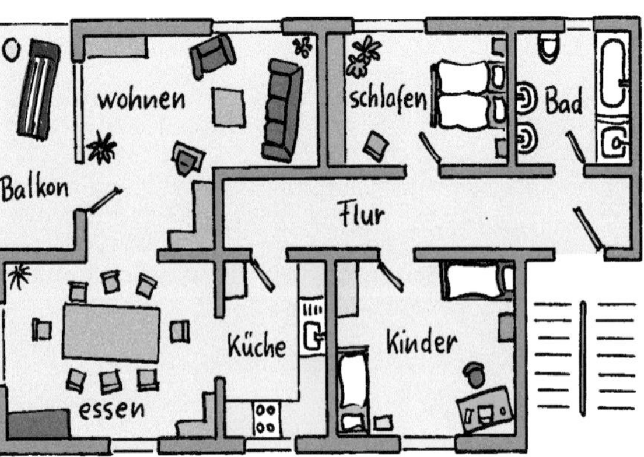

b) **Was zeigt der Makler? Lesen Sie und ordnen Sie die Fotos zu.**

- Die Wohnung hat zwei Kinderzimmer.
- Schön! Hat die Wohnung auch einen Balkon?
- ☐ Ja, hier ist der Balkon.
- Hm ... ich finde den Balkon zu klein.
- ☐ Das Wohnzimmer ist gemütlich und hat zwei Fenster.
- Schön ... aber auch ziemlich dunkel. Hat die Wohnung einen Keller?
- ☐ Ja, aber ich habe keinen Schlüssel.

-sombre

1

3

2

c) **Üben Sie: ein anderes Haus, andere Zimmer.**

- zwei Badezimmer
- der/einen Garten

- das Schlafzimmer
- ein Arbeitszimmer

2 Uli Venitzelos beschreibt seine Wohnung

1.38 Ü7

a) **Hören Sie. Welche Zeichnung passt?**

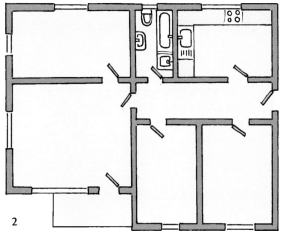

b) **Hören Sie noch einmal und lesen Sie. Schreiben Sie die Namen der Zimmer in die Zeichnung.**

Unsere Wohnung hat vier Zimmer, eine Küche, ein Bad und einen Balkon. Hier links ist das Zimmer von David. Sein Zimmer ist groß, aber was für ein Chaos! Rechts ist die Küche. Unsere Küche ist wirklich schön – groß und hell. Das Bad hat kein Fenster und ist klein und dunkel. Unser Wohnzimmer hat nur 17 qm, aber es hat einen Balkon. Der Balkon ist groß. Hier rechts ist das Zimmer von Lena. Ihr Zimmer ist auch groß und hell. Mein Zimmer ist sehr klein. Der Flur ist lang und meine Bücherregale haben hier viel Platz! Unsere Wohnung kostet 750 Euro, das ist billig!

groß

3 Akkusativ

9.4

a) **Ergänzen Sie die Artikel im Akkusativ.**

Grammatik

Nominativ	**Akkusativ**	
Das ist	Ich habe	Ich finde
der/ein Balkon.	(k)........ Balkon.	den Balkon zu klein.
das/ein Haus.	(k) ein Haus.	das Haus zu groß.
die/eine Küche.	(k)........ Küche.	die Küche zu klein.

b) **Notieren Sie vier Räume. Fragen Sie Ihre Partnerin / Ihren Partner.**

- Hast du einen Keller?
- Nein, ich habe keinen Keller.

- Hast du eine Küche / einen Balkon / ...?
- Ja, ich habe eine Küche / ...

3 Meine Wohnung – deine Wohnung

1 Meine Bücher – deine Taschen

9.5

1.39 Üß

a) **Hören Sie und spielen Sie die Dialoge.**

1.40

b) ***Ist das dein …?* Hören Sie und achten Sie auf die Intonation. Fragen und antworten Sie.**

Ist das dein Auto?	Mein Auto? Ja, das ist mein Auto.
Ist das deine Tasche?	Meine Tasche? Ja, das ist meine Tasche.
Ist das dein Kuli?	Mein Kuli? Nein, das ist der Kuli von Hassan. Das ist sein Kuli.
Ist das dein Wörterbuch?	Mein Wörterbuch? Nein, das ist das Wörterbuch von Jenny. Das ist ihr Wörterbuch.

c) **Hören Sie die Dialoge noch einmal. Markieren Sie die Kontrastakzente in b).**

Ist das ˈdein Auto?	ˈMein Auto? Ja, das ist ˈmein Auto.

2 Kim-Spiel. Wem gehört …?

Spielen Sie im Kurs.

3 Possessivartikel. **Sammeln Sie die Possessivartikel auf den Seiten 72–76.**

	der	das	die	die (Plural)
ich	mein Kuli			meine Bücherregale
du				
…				

4 Ü9–12 Eine Traumwohnung. **Lesen Sie und üben Sie die Dialoge.**

5 Ü13 Wohnungen beschreiben. **Zeichnen Sie eine Wohnung und geben Sie das Bild weiter. Ihre Partnerin / Ihr Partner beschreibt die Wohnung.**

Redemittel

Wohnungen beschreiben und kommentieren

Meine/Deine Wohnung Die Küche / Der Balkon Das Kinderzimmer	ist	zu teuer/dunkel/klein/laut. groß/hell/modern/alt. ein Traum.	
Das Rechts (daneben) / Links Hier	ist	das Zimmer von David. der Balkon / das Bad / die Küche.	
Unsere/Eure Wohnung Mein/Dein Haus Das Haus von Petra und Guido Galle	hat	drei Zimmer. (k)einen Garten. (k)ein Arbeitszimmer. (k)eine Küche.	
Ich	finde	den Garten das Haus die Kinderzimmer	schön, aber zu klein. zu groß. chaotisch.

ABC

4 Zimmer und Möbel

1 In welches Zimmer gehören die Möbel? **Ordnen Sie zu. Es gibt mehrere Möglichkeiten.**

Ü14–15

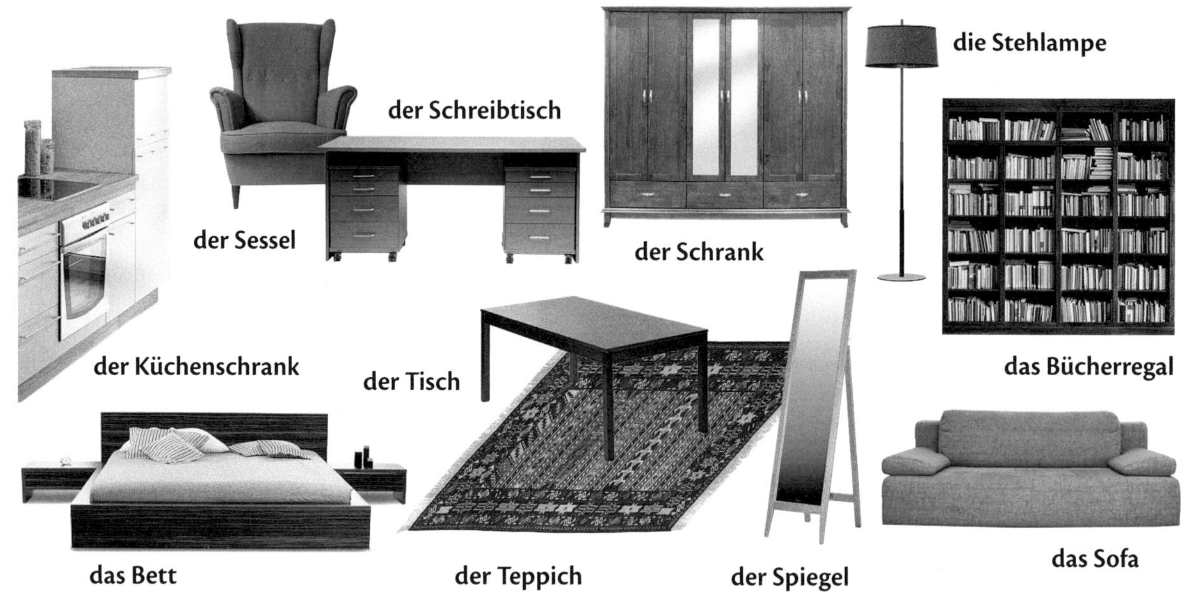

das Wohnzimmer	die Küche	das Arbeitszimmer	das Schlafzimmer
das Sofa	....	....	....

2 Komposita

11 Ü16

a) ***Der, das, die*? Ergänzen Sie.**

.... Küchentisch .... Schreibtischlampe .... Bücherregal

b) **Möbel zu Hause. Finden Sie mehr Beispiele.**

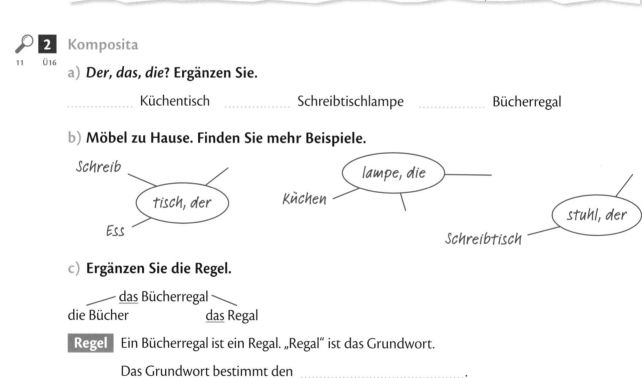

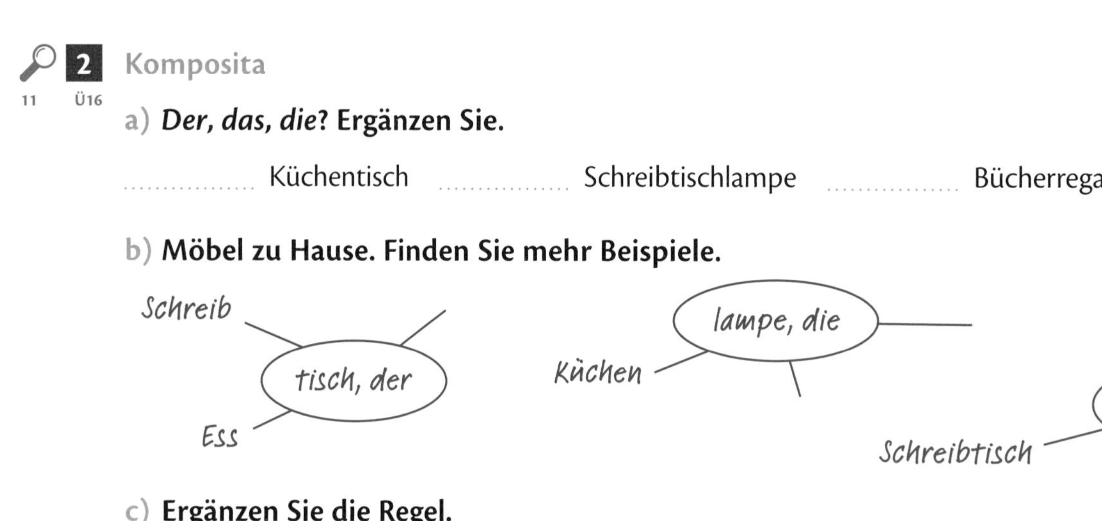

c) **Ergänzen Sie die Regel.**

das Bücherregal
die Bücher das Regal

Regel Ein Bücherregal ist ein Regal. „Regal" ist das Grundwort.

Das Grundwort bestimmt den ....

 **3** Wortakzent. **Hören Sie und markieren Sie den Wortakzent. Ergänzen Sie die Regel.**

1.41

1. der Schreibtisch
2. der Esstisch
3. das Bücherregal
4. die Küchenlampe
5. der Küchenschrank
6. der Bürostuhl

Regel Die Betonung ist immer auf dem ☐ ersten / ☐ zweiten Wort.

5 Wörter lernen mit System

1 Lerntipps. **Lesen Sie und sprechen Sie über die Tipps im Kurs.**

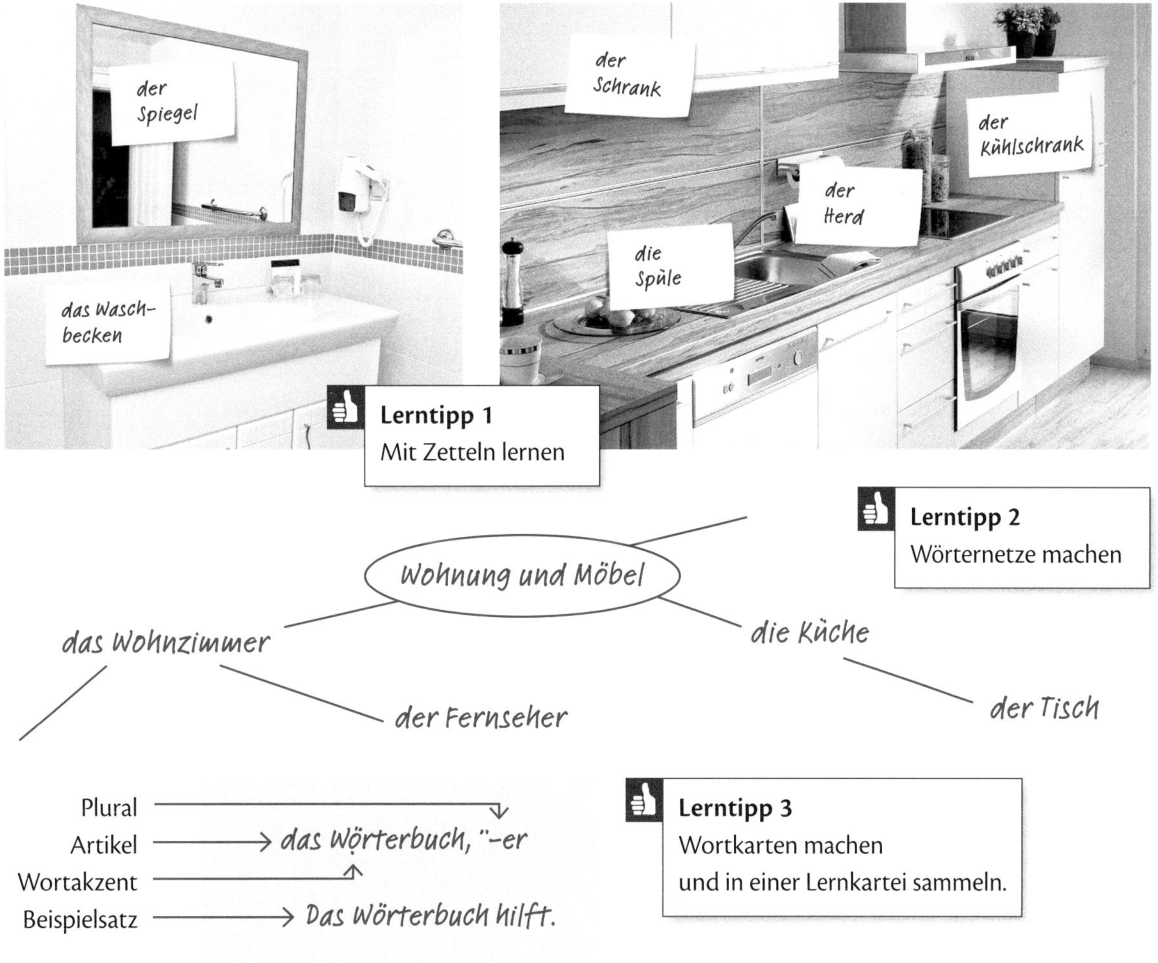

Lerntipp 4
Wörter verbinden und lernen, z. B.:
auf dem Land leben, in der Stadt wohnen,
ein Haus auf dem Land, eine Wohnung mit Balkon

Lerntipp 5
Wörter in Paaren lernen, z. B.:
die Küche und der Herd, das Bad und die Toilette, der Tisch und der Stuhl, der Schreibtisch und das Bücherregal, das Bett und der Schrank

2 Kochen – Küche: Aussprache von *ch*

Ü17

a) **Ordnen Sie die Wörter zu.**

~~acht~~ – ~~Österreich~~ – richtig – auch – das Buch – das Mädchen – östlich – welcher – das Gespräch – gleich – doch – machen – München – suchen – nicht – sprechen – die Sprache – die Bücher – ich – möchten – die Technik

ch wie *kochen* [x]	*ch* wie *Küche* [ç]
acht	*Österreich* ....
....	....

1.42

b) **Hören Sie die Wörter, kontrollieren Sie Ihre Tabelle und ergänzen Sie die Regel.**

Regel *ch* nach den Vokalen .... wie in *kochen*, sonst wie in *Küche*.

ABC

6 Der Umzug

1 Umzugschaos

Ü18–19

a) Wer macht was? Lesen Sie die E-Mail.

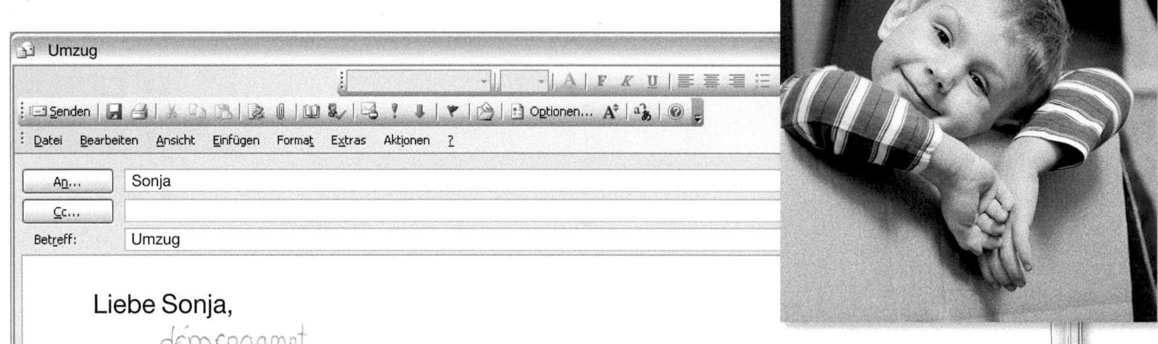

Liebe Sonja,

unser Umzug ist ein Chaos! Meine Bücher sind schon in den Umzugskartons. Bernd packt seine DVDs. Nils und Frauke packen ihre Bücher. Und ich? Ich mache jetzt eine Pause, trinke Kaffee und schreibe E-Mails. Ein Glück – der Computer funktioniert noch!
Nils fragt 15-mal pro Tag: „Ist mein Zimmer groß?" „Ja, Nils, dein Zimmer ist groß." „Und das Zimmer von Frauke?" „Jaaaa, ihr Zimmer ist auch ziemlich groß." Zwei Kinder – ein Kinderzimmer, das war hier immer ein Problem.
Mein Schreibtisch, die Waschmaschine und der Herd sind schon in der neuen Wohnung in der Schillerstraße 23. Die Postleitzahl ist: 50122. Die Wohnung ist 120 qm groß, Altbau, sehr zentral in der Südstadt, im 3. Stock, 5 Zimmer (!!!), Küche, Bad, Balkon und ein Garten. Das Wohnzimmer hat vier Fenster, es ist hell und ca. 35 qm groß, der Flur ist breit und lang. Wir hatten einfach Glück – die Wohnung ist ein Traum und nicht teuer. Aber unser Esstisch steht jetzt im Wohnzimmer – die Küche ist leider zu klein! Armer Bernd! Er arbeitet zu viel, und sein Rücken macht Probleme, der Herd war doch zu schwer …
Du siehst, wir brauchen deine Hilfe!!!

Viele Grüße und bis morgen
deine Kirsten

b) Was passt zusammen? Verbinden Sie.

	a schreibt E-Mails.
	b hat Rückenschmerzen.
Bernd 1	c packt seine DVDs.
Kirsten 2	d packen ihre Bücher.
Nils und Frauke 3	e bekommt eine E-Mail.
Sonja 4	f kommt morgen und hilft.
	g macht eine Pause und trinkt Kaffee.
	h bekommen zwei Kinderzimmer.

7 Wohnen interkulturell

1 Wohnformen. **Sehen Sie die Fotos an und ordnen Sie die Sätze zu.**

Ü 20

a

b

c

1. ☐ Wohnen auf einem Hausboot – cool!
2. ☐ Bitte keine Schuhe in der Wohnung!
3. ☐ Viele Familien haben ein Esszimmer.
4. ☐ Kein Bett, kein Stuhl – ich finde das schön!

d

2 Und in Ihrem Land? **Sprechen Sie im Kurs.**

Bei uns gibt es auch ein …

Wir haben kein Esszimmer.

Wir haben ein …

Hausboote finde ich …

ABC

1 Geräusche-Quiz

1.32 a) **Hören Sie. Welches Foto passt? Notieren Sie die Nummer.**

☐ ....

☑ 1 ....

☐ ....

☐ ....

☐ *das Einfamilienhaus*

☐ ....

b) **Ordnen Sie in a) zu.**

~~das Einfamilienhaus~~ – das Reihenhaus – auf dem Land – das Studentenwohnheim – die Altbauwohnung – in der Stadt

2 Adressen

1.33 a) **Wer wohnt wo? Hören Sie und ergänzen Sie.**

1
Deniz Gülmaz
Wiesenstraße ......
...... *Berlin*

2
Hannah Schmidt
An der 19
...... Jena

3
Benno Heller
...... 98
51817 ......

b) **Notieren Sie Ihre eigene Adresse.**

3 Wer wohnt wo?

1.34 a) **Wer sagt was? Lesen Sie die Aussagen und hören Sie.**

Elisabeth (**E**) Boris (**B**)

1. .... arbeitet in Berlin.
2. .... wohnt gern in der Stadt.
3. .... wohnt in einem Haus mit Garten.
4. .... findet Weimar klein und ruhig.
5. .... hat eine Altbauwohnung.
6. .... findet die Nachbarn nett.

b) **Lesen Sie die Texte und kontrollieren Sie in a).**

1. Wir sind die Familie Lustig, das sind Paul und Laura, mein Mann Peter und ich, Elisabeth. Wir wohnen gerne in der Stadt. Wir wohnen in Weimar. Die Stadt ist klein und ruhig. Wir haben eine Altbauwohnung. Unsere Wohnung ist sehr alt, groß und gemütlich.
2. Ich bin Boris Lomonossov. Ich arbeite in Berlin und wohne auf dem Land. Ich wohne in Oranienburg. Das ist nördlich von Berlin. Ich habe dort ein Haus mit Garten. Der Garten ist groß und die Nachbarn sind nett.

4 Was machen Sie wo? **Ordnen Sie zu. Wie heißen die Zimmer?**

arbeiten – schlafen – kochen – baden – ~~spielen~~ – essen

1

spielen, das Kinderzimmer

3

....

5

....

2

....

4

....

6

....

5 Eine Wohnungsbesichtigung. **Was ist richtig? Hören Sie und kreuzen Sie an.**

1.35

1. Die Wohnung hat
   a ☐ zwei Zimmer.
   b ☐ drei Zimmer.
   c ☐ vier Zimmer.
2. Die Wohnung hat
   a ☐ einen Garten.
   b ☐ einen Keller.
   c ☐ einen Balkon.
3. Die Wohnung kostet
   a ☐ 450 Euro.
   b ☐ 550 Euro.
   c ☐ 650 Euro.

6 Flüssig sprechen. **Hören Sie und sprechen Sie nach.**

1.36

1. leben. – auf dem Land leben. – Ich möchte auf dem Land leben.
2. auf dem Land. – ein Haus auf dem Land. – Ich möchte ein Haus auf dem Land.
3. Fenster. – keine Fenster. – Das Bad hat keine Fenster.
4. mit Balkon. – eine Wohnung mit Balkon. – Ich habe eine Wohnung mit Balkon.

7 Wir haben ein Haus! **Ergänzen Sie den bestimmten oder unbestimmten Artikel im Akkusativ.**

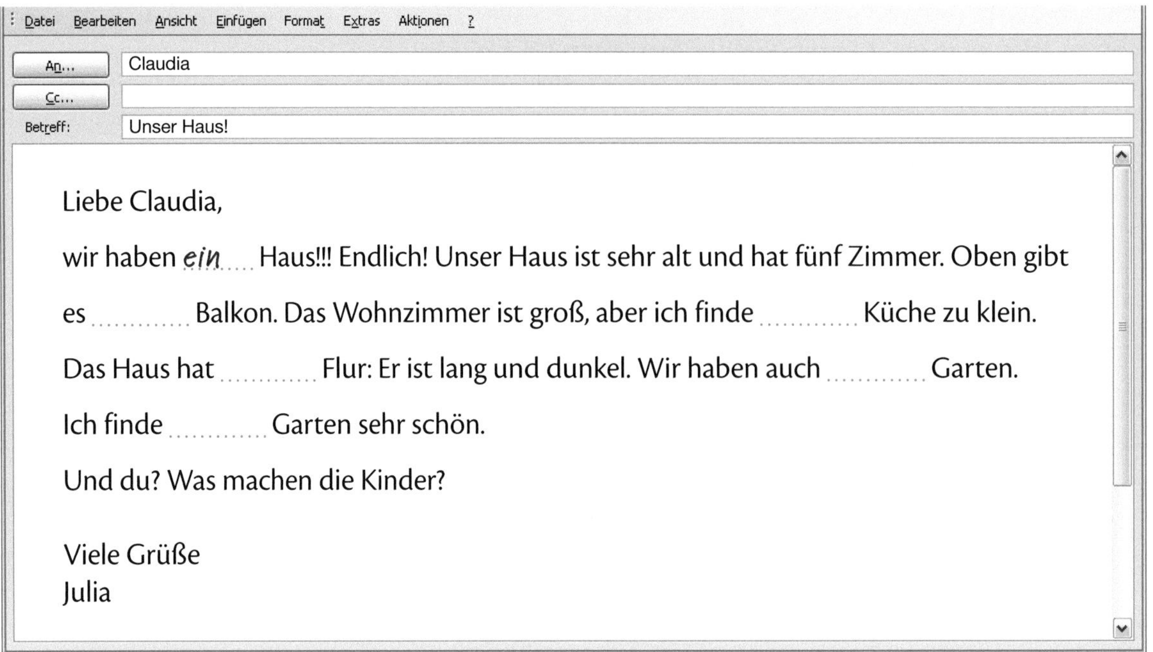

Datei Bearbeiten Ansicht Einfügen Format Extras Aktionen ?

An... Claudia

Cc...

Betreff: Unser Haus!

Liebe Claudia,

wir haben *ein*...... Haus!!! Endlich! Unser Haus ist sehr alt und hat fünf Zimmer. Oben gibt es .... Balkon. Das Wohnzimmer ist groß, aber ich finde .... Küche zu klein. Das Haus hat .... Flur: Er ist lang und dunkel. Wir haben auch .... Garten. Ich finde .... Garten sehr schön.

Und du? Was machen die Kinder?

Viele Grüße
Julia

8 Possessivartikel. **Was passt nicht? Streichen Sie.**

1. Ist das ~~dein~~/deine Tasche, Anna? — Ja, danke, das ist mein/meine Tasche.
2. Ist das Ihr/Ihre Auto, Herr Schröder? — Ja, das ist mein/meine Auto. Ganz neu!
3. Sind das euer/eure Kinder, Maria und Lukas? — Ja, das sind unser/unsere Kinder.
4. Ist das dein/deine Buch, Tina? — Nein, das ist das Buch von Lena. Es ist ihr/sein Buch.

9 Die Wohnungsbesichtigung. **Ergänzen Sie die Possessivartikel.**

- Hallo, Antje und Thomas. Vielen Dank für die Einladung!
- Ja, kommt rein!
- *Eure*...... Wohnung ist ja ganz neu! Thomas, ist das .... Zimmer?
- Ja, das ist .... Arbeitszimmer. Und hier links ist .... Küche.
- Oh, die ist aber groß. .... Küche ist sehr schön! Ist das das Zimmer von Antje?
- Ja, das ist .... Zimmer.
- Und wo ist .... Schlafzimmer?
- Hier rechts. Und hier ist .... Wohnzimmer. Möchtet ihr etwas trinken?

10 Textkaraoke. **Hören Sie und sprechen Sie die 👄-Rolle im Dialog.**

1.37

👂 …
👄 Habt ihr ein Esszimmer?
👂 …
👄 Hat die Wohnung auch einen Balkon?
👂 …
👄 Wo ist denn euer Arbeitszimmer?
👂 …
👄 Ist eure Wohnung teuer?
👂 …

11 Gegenteile. **Ergänzen Sie.**

klein – billig – viel – laut – neu – kurz – hell – rechts

1. groß ....
2. dunkel ....
3. leise ....
4. links ....
5. teuer ....
6. alt ....
7. wenig ....
8. lang ....

12 Adjektive. **Was passt? Kreuzen Sie an.**

1. Die Wohnung kostet 900 Euro. Das finden Maria und Nils
   - ☐ teuer.
   - ☐ schön.
   - ☐ klein.
2. Anja wohnt im Studentenwohnheim. Das Zimmer ist nur 14 qm
   - ☐ ruhig.
   - ☐ lang.
   - ☐ groß.
3. Bruno und Heide wohnen in einem Bauernhaus. Es ist ziemlich
   - ☐ modern.
   - ☐ kurz.
   - ☐ alt.
4. Familie Galle hat ein Haus mit Garten. Der Garten ist
   - ☐ teuer.
   - ☐ groß.
   - ☐ leise.
5. Wir wohnen in der Stadt, im Zentrum. Es ist leider etwas
   - ☐ laut.
   - ☐ lang.
   - ☐ alt.
6. Petra lebt in Köln. Ihre Wohnung ist klein, aber der Flur ist
   - ☐ teuer.
   - ☐ modern.
   - ☐ lang.

13 Das ist zu … **Ergänzen Sie.**

laut – alt – lang – klein

1. Der Stuhl ist ....
2. Das Haus ist ....
3. Die Musik ist ....
4. Das Auto ist ....

14 Ein Zimmer im Studentenwohnheim

a) **Wie heißen die Möbel und Gegenstände? Schreiben Sie.**

1. das Bett .... 5. .... 9. ....
2. .... 6. .... 10. ....
3. .... 7. .... 11. ....
4. .... 8. .... 12. ....

b) **Wie finden Sie das Zimmer? Schreiben Sie zwei Sätze.**

....

....

15 Wortpaare. **Hören Sie und sprechen Sie nach.**

1.38

16 Komposita

a) **Ergänzen Sie die Artikel.**

1. .... Arbeitszimmer 4. .... Bürostuhl 7. .... Schreibtischlampe
2. .... Küchentisch 5. .... Bücherregal 8. .... Esstisch
3. .... Kinderzimmer 6. .... Wohnzimmerschrank 9. .... Küchenstuhl

b) **Kontrollieren Sie mit der Wörterliste hinten im Buch.**

17 Aussprache von *ch*

1.39

a) **Was hören Sie? Kreuzen Sie an.**

1. ☐ die Küche ☐ kochen
2. ☐ die Bücher ☐ das Buch
3. ☐ die Nächte ☐ die Nacht
4. ☐ die Töchter ☐ die Tochter

b) **Hören Sie noch einmal und sprechen Sie nach.**

18 Der Umzug. **Ergänzen Sie die Sätze und lösen Sie das Rätsel.**

1. Die .... ist schon in der neuen Wohnung.
2. Der Schreibtisch und der .... stehen im Arbeitszimmer.
3. Armer Bernd! Sein Rücken macht Probleme. Der .... war sehr schwer.
4. In der Küche steht der .... Wir können jetzt essen.
5. Der .... ist breit und lang.
6. Der *Fernseher* .... steht im Wohnzimmer.
7. Die Bücher von Sonja kommen in das ....

								1	*W*	*A*				*M*	*A*						
							2	*C*			*P*										
								3				*D*									
			4	*K*						*T*											
						5		*L*													
					6	*F*	*E*	*R*	*N*	*S*	*E*	*H*	*E*	*R*							
7	*B*																				

Lösungswort: *die* ....

19 Nach dem Umzug

a) **Was ist da? Was fehlt? Schreiben Sie Sätze.**

1. einen Herd – keinen Kühlschrank: *Ich habe einen Herd, aber keinen Kühlschrank.* ....
2. ein Sofa – keine Lampe: ....
3. einen Schrank – keine Stühle: ....
4. einen Tisch – kein Bett: ....
5. einen Schreibtisch – keinen Fernseher: ....
6. einen Computer – keine Waschmaschine: ....

b) **Was haben Sie? Was haben Sie nicht? Schreiben Sie zwei Sätze.**

....

....

20 Die Wohngemeinschaft

Leben heute: Studenten

Wohnen in einer Wohngemeinschaft

Paula (21), Julia (20), Viola (22) (von links nach rechts)

Das ist Julia. Sie lebt mit Paula und Viola zusammen in einer Wohnung. Sie sind Studentinnen und Freundinnen. Die Wohnung ist in der Nähe von der Universität. Sie ist 120 qm groß und hat vier Zimmer: die Zimmer von Julia, Paula und Viola, eine Küche, ein Wohnzimmer, ein Bad und eine extra Toilette. Die Küche ist groß – eine Wohnküche. Hier kochen Julia, Paula und Viola gerne. Sie essen sehr gerne zusammen.
Die Wohnung kostet 850 Euro. Für eine Studentin ist das zu teuer. Für drei Studentinnen ist es o.k.
Die drei Freundinnen finden die WG super!

In Deutschland leben Studenten oft in einer Wohngemeinschaft (WG). Eine Wohngemeinschaft hat zwei oder mehr Personen, man nennt sie Mitbewohner.

a) Lesen Sie den Text. Sammeln Sie Informationen über die Wohnung.

120 qm, ...

....

b) Was passt? Verbinden Sie.

Studenten leben	1	a	ein Bad und eine extra Toilette.
Julia, Paula und Viola	2	b	120 qm groß.
Die Wohnung hat	3	c	die WG super.
Die Wohnung ist zentral:	4	d	und essen sie oft zusammen.
Die Wohnung ist	5	e	Sie ist in der Nähe von der Universität.
In der Küche kochen	6	f	850 Euro.
Die Wohnung kostet	7	g	studieren und wohnen zusammen.
Die drei finden	8	h	oft in Wohngemeinschaften.

Fit für Einheit 5? Testen Sie sich!

Mit Sprache handeln

Wohnungen und Häuser beschreiben

Wir haben eine ....

Ich finde die Wohnung ....

▸ KB 1.1, 1.3, 2.2, 3.5

Wortfelder

Wohnung 1. *das Wohnzimmer* .... 3. ....

2. .... 4. .... ▸ KB 2.1

Möbel *der Tisch* – *Möbel* – *das Bett* ▸ KB 4.1

Adjektive klein – *groß* ....; modern – ....; dunkel – ....;

leise – ....; billig – ....; alt – .... ▸ KB 2.3

Grammatik

Artikel im Akkusativ

Unsere Wohnung hat .... Wohnzimmer, ... Arbeitszimmer,

.... Kinderzimmer, ... Küche, ... Bad und .... Garten.

Ich finde .... Garten schön. ▸ KB 2.3

Possessivartikel im Nominativ

○ Ist das *deine* .... Tasche?

● .... Tasche? Nein, das ist die Tasche von Olga. Es ist .... Tasche. ▸ KB 3.1

Graduierung mit *zu*

Ich finde die Musik zu ....

Der Flur ist .... ▸ KB 2.3

Komposita

der .... Küchenschrank – .... Bürostuhl – .... Bücherregal ▸ KB 4.2

Aussprache

Konsonant *ch*

1.40

das Buch – die Küche – acht – sprechen – auch ▸ KB 5.2

5 Termine

Hier lernen Sie

- Zeitangaben machen (Uhrzeiten/Wochentage)
- Termine machen und sich verabreden
- sich für eine Verspätung entschuldigen
- über Tagesabläufe sprechen

1 Uhrzeiten

a

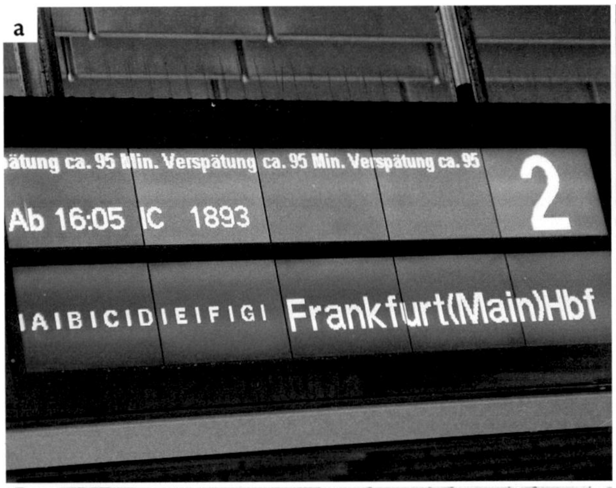

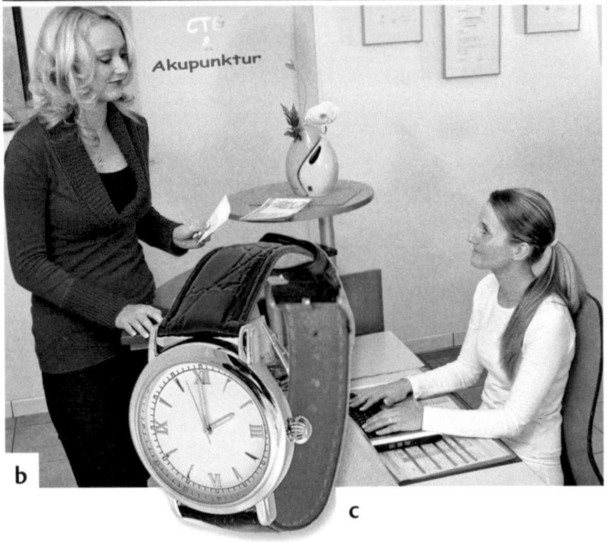

b

c

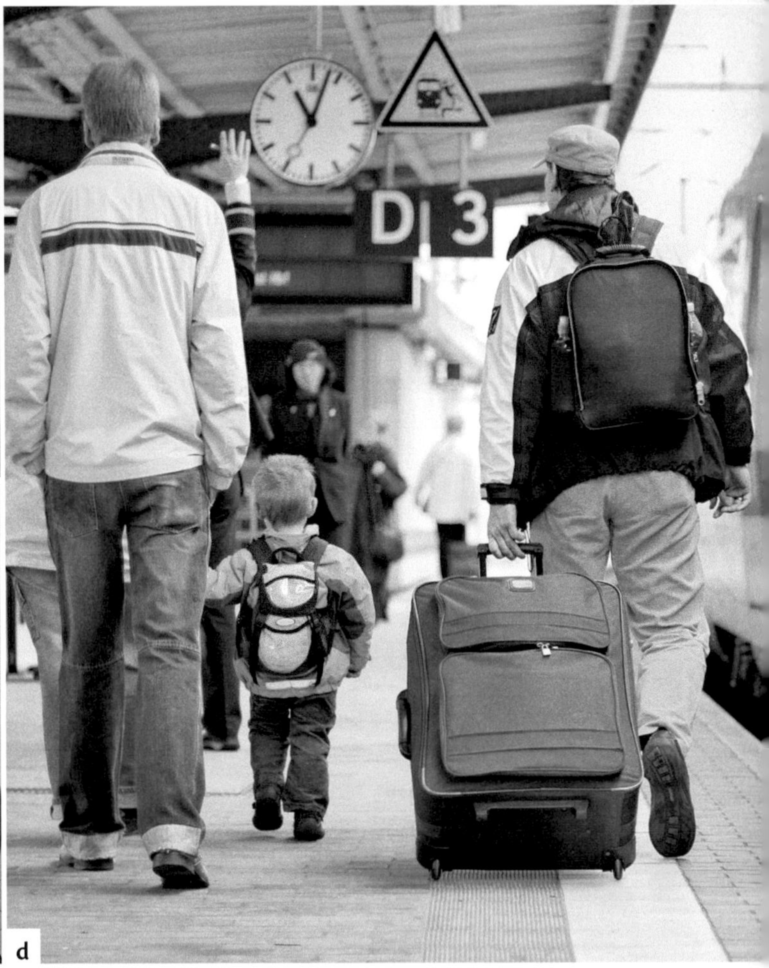

d

1 Die Zeit. **Hören Sie. Welche Fotos passen?**

1.43

2 Nach Uhrzeiten fragen. **Üben Sie im Kurs.**

Ü1

Redemittel

nach Uhrzeiten fragen

Wie spät ist es?	Es ist zwei.
Entschuldigung, wie spät ist es?	Es ist zwei Uhr.
Entschuldigung, wie viel Uhr ist es?	Punkt zwei.
	Es ist 14 Uhr.

Oktober 2013 das Jahr

Oktober 2013 der Monat

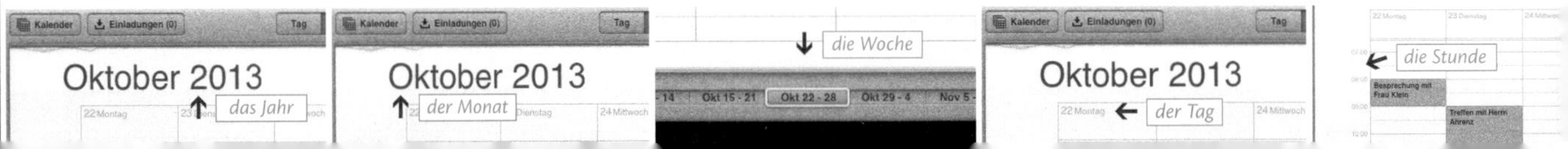

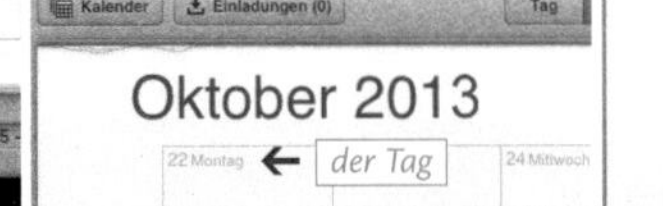

e

h

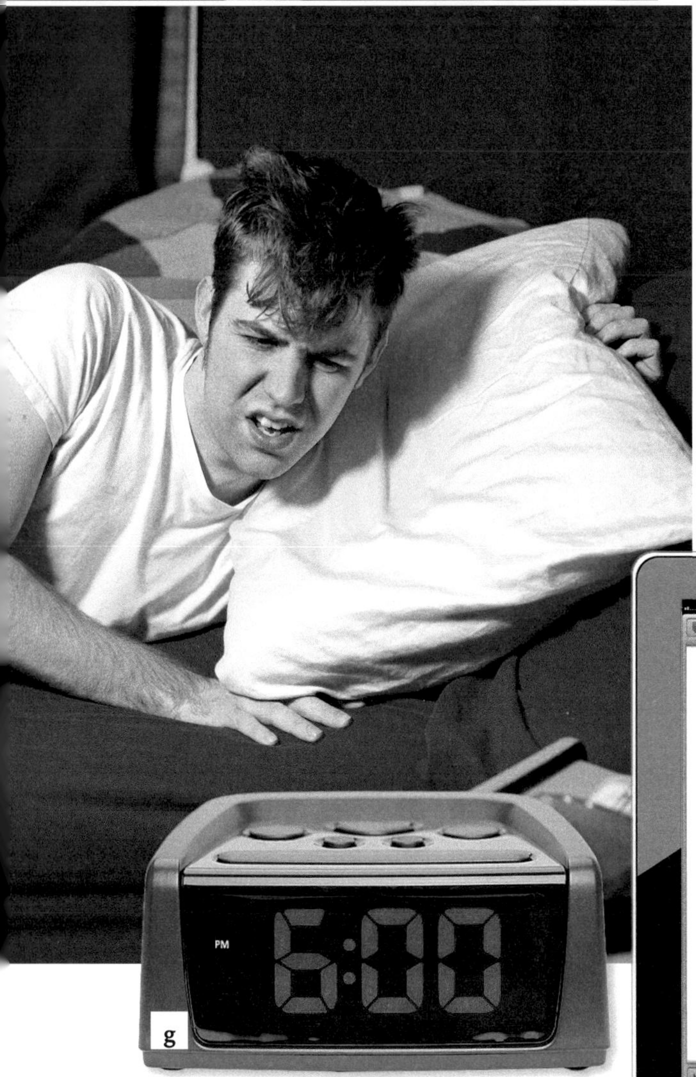

g

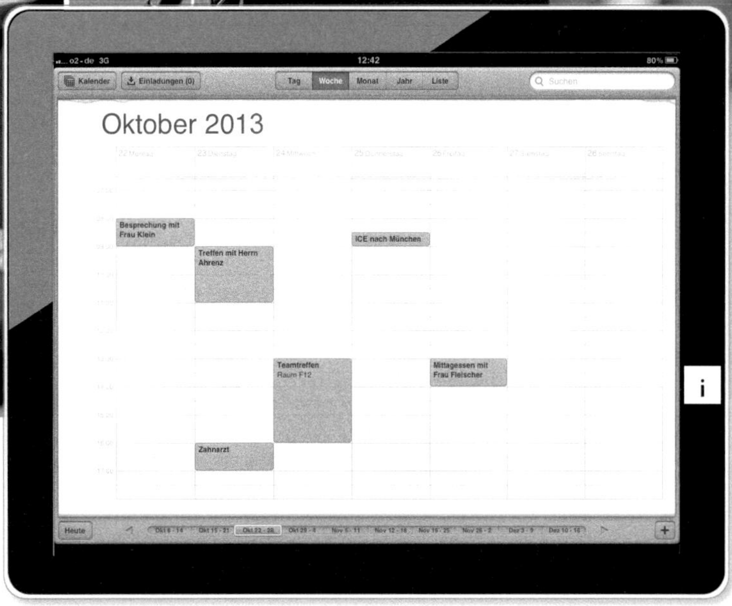

i

 **3** Ein Terminproblem. **Hören Sie und lesen Sie den Dialog. Welches Foto passt?**

1.44

- Autohaus Kurz & Klein, Sie sprechen mit Herrn Becker.
- Guten Morgen, Herr Becker.
- Ach, Frau Ahrenz! Wir hatten einen Termin um neun Uhr. Wo sind Sie?
- Tut mir leid. Ich hatte eine Panne. Um 10 Uhr bin ich da.
- O.k., dann bis später. Gute Fahrt!

der Termin

2 Wochentage und Zeiten

1.45 **1** Wochentage. **Hören Sie und sprechen Sie nach.**

2 Uhrzeiten – formell und informell

Ü2–3 a) **Lesen Sie und vergleichen Sie.**

das Frühstück	das Mittagessen		das Abendessen		
Es ist …					
7 Uhr.	12 Uhr 30.	13 Uhr 45.	20 Uhr 15.	21 Uhr 55.	22 Uhr 10.
sieben.	halb eins.	Viertel vor zwei.	Viertel nach acht.	fünf vor zehn. kurz vor zehn.	zehn nach zehn. kurz nach zehn.

1.46 b) **Hören Sie und markieren Sie die Uhrzeiten in a).**

3 Über Tagesabläufe sprechen. **Arbeiten Sie zu zweit. Fragen Sie und antworten Sie.**

Ü4–6

aufstehen

frühstücken

arbeiten

Sport machen

ausgehen

ins Bett gehen

1. Wann stehst du am Sonntag auf?
2. Und wann stehst du am Montag auf?
3. Um wie viel Uhr frühstückst du?
4. Wann machst du Mittagspause?
5. Von wann bis wann arbeitest du?
6. Wann gehst du am Freitag aus?
7. Wann machst du Sport?
8. Wann gehst du ins Bett?

Von Viertel nach zwölf bis Viertel vor zwei.

Am Sonntag um neun.

Um 23 Uhr.

Zwischen eins und zwei.

Minimemo
am + Tag
um + Zeit
von … bis …
zwischen … und …

1.47

4 Satzakzent. **Hören Sie die Fragen. Markieren Sie die Melodie und sprechen Sie nach.**

1. Wann stehst du am Sonntag auf?
2. Von wann bis wann hattest du Urlaub?
3. Wann machst du Mittagspause?
4. Wann gehst du ins Bett?

5 Sprachschatten

a) **Ihre Partnerin / Ihr Partner erzählt. Spielen Sie Echo.**

- Morgens stehe ich um sechs Uhr dreißig auf. — Aha, du stehst um sechs Uhr dreißig auf.
- Ich arbeite von neun bis fünf. — Ach so, du arbeitest von neun bis fünf.
- Am Samstag arbeite ich auch. — Oh, du arbeitest auch am Samstag.

b) **Berichten Sie.**

Sie steht um sechs Uhr dreißig auf.
Sie arbeitet von neun bis ...

1.48 Ü7

6 Wörter mit *k* und *g* am Ende

a) **Hören Sie und lesen Sie. Vergleichen Sie.**

Gladbeck – Luxemburg – Nürnberg – Glück – Sonntag – Lübeck

b) **Hören Sie noch einmal und sprechen Sie nach.**

7 Im Bürgerbüro. **Wann sind die Öffnungszeiten im Bürgerbüro Kassel?**
Ü8

Stadtverwaltung Kassel – Einwohnerservice
www.serviceportal-kassel.de/cms11/verwaltung/aemter/einwohnerservice/index.html
Reader
Apple iCloud Facebook Twitter Wikipedia Yahoo News Beliebt

Kassel documenta Stadt

Serviceportal

Bürgerservice
Firmenservice
› Stadtverwaltung

Suche

› Ämter / Einrichtungen
Dezernate
Konzern Stadt Kassel
Statistik - Kassel in Zahlen
Verwaltungsstruktur
Mitarbeiter

Öffnungszeiten des Bürgerbüros Mitte (Rathaus)

Montag:	8.00 - 16.00 Uhr
Dienstag:	8.00 - 12.30 Uhr
Mittwoch:	8.00 - 18.00 Uhr nur mit vorheriger Terminvereinbarung!
Donnerstag:	8.00 - 16.00 Uhr
Freitag:	8.00 - 12.30 Uhr
Samstag:	8.00 - 12.00 Uhr nur mit vorheriger Terminvereinbarung!

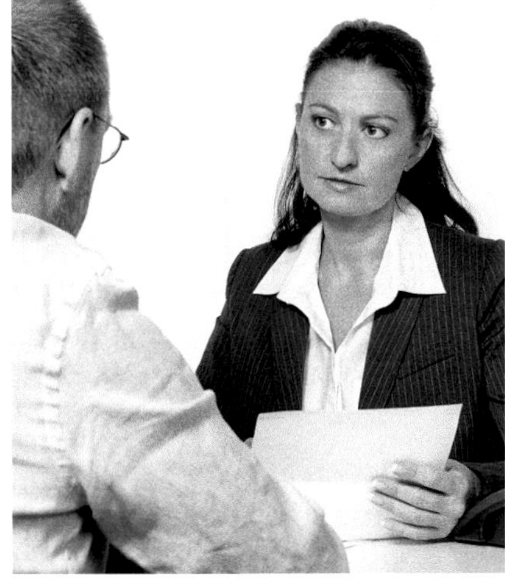

Landeskunde

Öffnungszeiten in Deutschland

Supermärkte haben meistens von 9 bis 20 Uhr geöffnet. Banken haben am Samstag geschlossen. Am Sonntag haben alle Geschäfte geschlossen. Nur an Bahnhöfen und Tankstellen kann man einkaufen. Essen gibt es in Restaurants meistens nur bis 22 oder 23 Uhr. Die meisten Ärzte haben am Mittwochnachmittag geschlossen.

8 Essenszeiten interkulturell. **Wer isst wann? Vergleichen Sie und ergänzen Sie.**

Mittagessen
In Deutschland: zwischen 12 und 13 Uhr
In Frankreich: zwischen 13 und 15 Uhr
In ...

Abendessen
In Deutschland: 18 – 20 Uhr
In Frankreich: 20 – 22 Uhr
In ...

Abendessen gibt es bei uns zwischen ... und ...

3 Termine und Verabredungen

Minimemo
am Morgen
am Abend
in der Nacht

1 Tageszeiten und Begrüßungen interkulturell.
Ü9 **Was sagt man wann? Und bei Ihnen?**

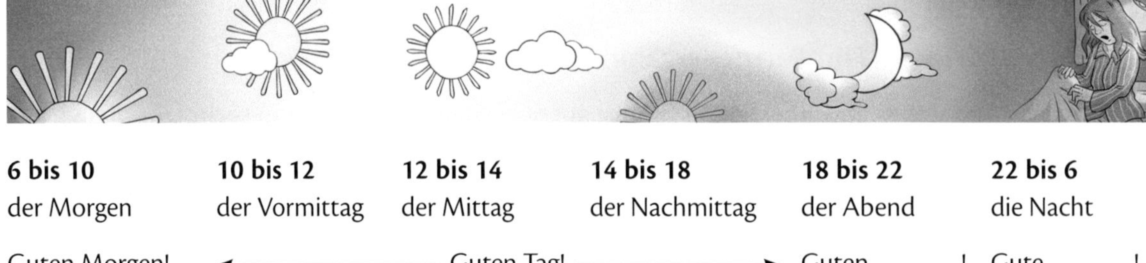

6 bis 10	10 bis 12	12 bis 14	14 bis 18	18 bis 22	22 bis 6
der Morgen	der Vormittag	der Mittag	der Nachmittag	der Abend	die Nacht
Guten Morgen!	←	Guten Tag!	→	Guten ....!	Gute ....!
....	....	....	....	....	....

2 Beim Arzt

a) **Hören Sie. Wann ist der Termin? Schreiben Sie.**
1.49

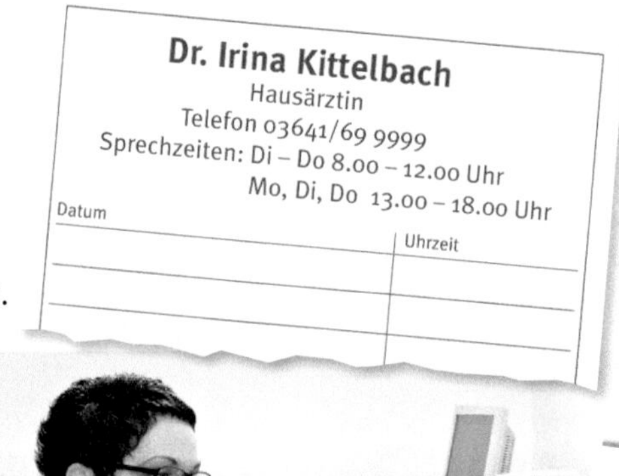
Dr. Irina Kittelbach
Hausärztin
Telefon 03641/69 9999
Sprechzeiten: Di – Do 8.00 – 12.00 Uhr
Mo, Di, Do 13.00 – 18.00 Uhr

Datum	Uhrzeit

b) **Lesen Sie und spielen Sie den Dialog.**

- Praxis Dr. Kittelbach. Guten Morgen.
- Guten Morgen, Albertini. Ich hätte gern einen Termin.
- Waren Sie schon einmal hier?
- Äh, nein.
- Hm, Moment ... nächste Woche Montag um 9.30 Uhr?
- Nein, da kann ich leider nicht, da arbeite ich. Geht es auch um 15 Uhr?
- Ja, das geht auch. Also, am Montagnachmittag um drei. Auf Wiederhören!
- Auf Wiederhören!

c) **Üben Sie den Dialog: andere Namen, andere Termine.**

3 Im Beruf

a) **Hören Sie und üben Sie zu zweit.**
1.50
Ü10

- Bergmann & Co, mein Name ist Gomez. Was kann ich für Sie tun?
- Morgen Frau Gomez, hier ist Andreas Kowalski. Ich komme etwas später, ich stehe im Stau.
- Wo sind Sie denn?
- Auf der Autobahn bei Leipzig. Ich bin in einer Stunde in Dresden, um zehn.
- Gut, Herr Kowalski. Danke für den Anruf und gute Fahrt.

Minimemo
der Montagmorgen
der Dienstagvormittag
der Mittwochmittag
der Donnerstagnachmittag
der Freitagabend

b) **Üben Sie den Dialog: andere Namen, andere Termine.**

Oktober 2013 | Oktober 2013

4 *p oder b?* **Hören Sie und sprechen Sie nach. Finden Sie andere Wörter.**

1.51

Papier – Büro   Beruf – Praxis   ab Bochum – ab Paris

5 In der Freizeit. **Sehen Sie die Fotos an und lesen Sie die Fragen. Was geht (nicht)?**

Ü11

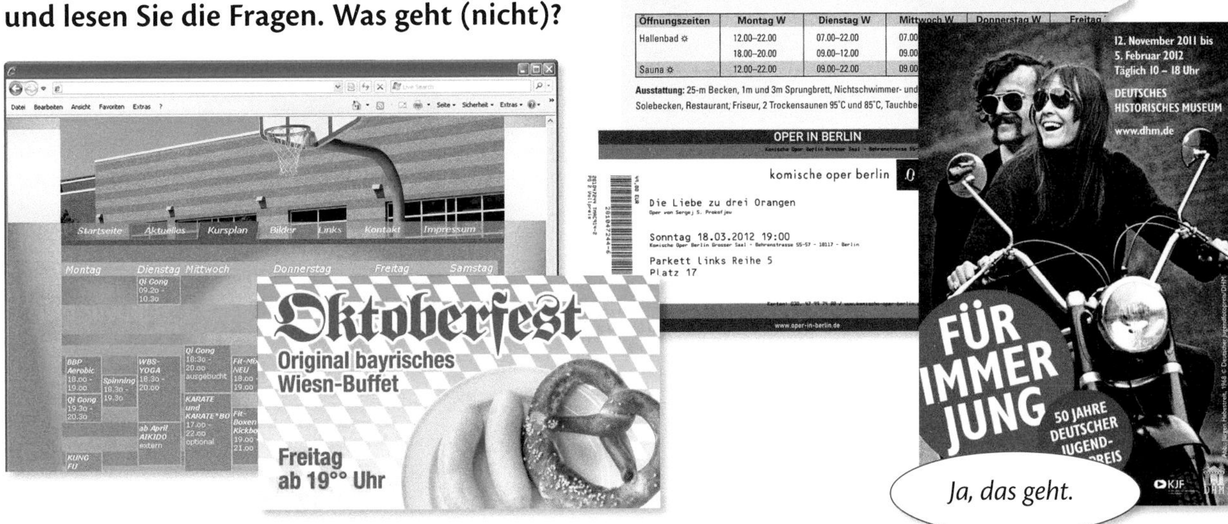

1. Gehen wir am Dienstag um sechs schwimmen / ins Schwimmbad?
2. Gehen wir morgen Nachmittag zum Oktoberfest? Es gibt ein bayrisches Buffet.
3. Gehen wir am Samstagabend in die Oper? Ich möchte die Oper von Prokofjew sehen.
4. Gehen wir am Sonntag um drei ins Museum?
5. Gehen wir am Montag ins Fitness-Studio? Um halb sieben gibt es einen Yoga-Kurs.

Nein, das geht leider nicht.

6 Anja ruft Hannah an

Ü12

a) **Führen Sie den Dialog.**

- Hallo, Anja! Gehen wir zusammen ins Kino?
- Ja gern, wann denn?
- Morgen Abend? Der Film fängt um 20 Uhr an.

- Ja, das geht.
- Nein, das geht nicht. Morgen kann ich nicht.
- Und am Freitag?
- Freitag ist gut.

- Um wie viel Uhr treffen wir uns?
- Um sieben?
- O.k., tschüss, bis dann!

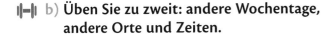

b) **Üben Sie zu zweit: andere Wochentage, andere Orte und Zeiten.**

Minimemo

in die Disko · in den Zoo
ins Fitness-Studio · ins Café
in die Stadt · ins Stadion

4 Keine Zeit!

1 Zu spät … Üben Sie Entschuldigungen.

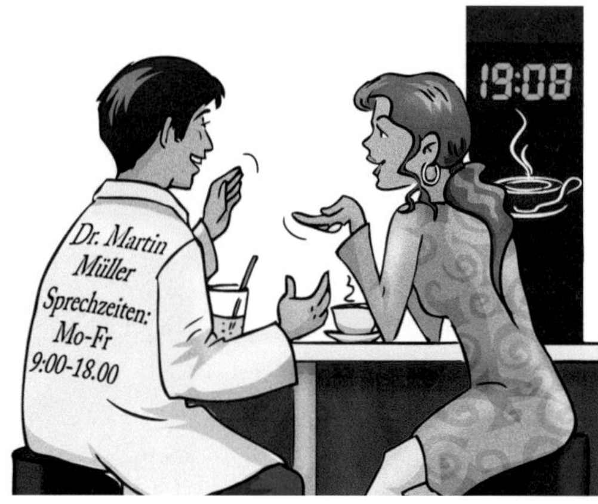

Ich hatte eine Panne …
Nein, der Zug hatte Verspätung …
Äh. Ich war beim Arzt!

KINO

Wo warst du?
Wir warten seit sieben!

Entschuldigung,
ich war beim Zahnarzt.

2 Ich hatte keine Zeit. Präteritum von *haben*.

16.2 Ü13–14 **Hören Sie das Gedicht und lesen Sie laut.**

1.52

Ich hatte keine Zeit.
Du hattest viel Zeit.
Er hatte ein Auto.
Es hatte eine Panne.
Sie hatte kein Telefon.
Wir hatten ein Problem.
Ihr hattet keine Probleme.
Sie hatten kein Glück.

3 Trennbare Verben. Schreiben Sie Fragen und Antworten.

4 Ü15–17

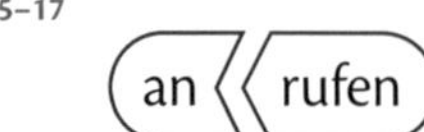

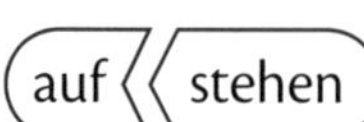

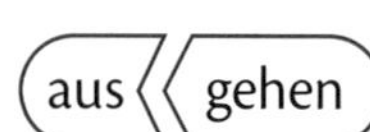

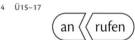

1. Wann **rufst** du **an**?
   Ich rufe morgen an.
   Rufst du morgen an?
2. Wann **fängt** das Kino **an**?
   …

4 Termine absagen

17 Ü18

a) **Wo steht *nicht*? Markieren Sie.**

1. Am Sonntag kann ich nicht.
2. Am Freitag? Nein, das geht nicht.
3. Um fünf kann ich nicht.
4. Ich gehe am Sonntag nicht aus.

Kommst du am Freitag?

Nein, ich komme am Freitag nicht!

Kommst du nicht mit?

Nein, ich komme nicht mit.

b) **Sagen Sie die Termine ab. Verwenden Sie die Sätze aus a).**

1. Gehen wir am Freitag schwimmen?
2. Kannst du am Sonntag?
3. Treffen wir uns um fünf Uhr?
4. Gehen wir am Sonntag ins Café?
5. Kommst du um fünf nach Hause?
6. Wir gehen am Freitag ins Theater. Kommst du mit?

Oktober 2013 Oktober 2013

5 Ein Rollenspiel: sich verabreden

1.53

a) **Hören Sie die Fragen und Antworten. Sprechen Sie nach.**

b) **Wählen Sie eine Karte aus und üben Sie zu zweit den Dialog.**

Machen Sie einen Termin beim Zahnarzt.
Sie können am Montagmorgen und am Dienstagabend.

Ein Kinobesuch. Machen Sie einen Termin.
Der Film beginnt um 19.45 Uhr.

Machen Sie einen Termin beim Friseur.

Redemittel

um einen Termin bitten	**einen Termin vorschlagen**
Haben Sie einen Termin frei?	Geht es am Freitag um 9.30 Uhr?
Kann ich einen Termin bekommen?	Geht es in einer Stunde?
Ich hätte gern einen Termin.	Können Sie am Freitag um halb zehn?
Gehen wir am Freitag ins Kino?	Treffen wir uns am ... um ...?

ablehnen ☹		**zustimmen** ☺
Tut mir leid,	das geht nicht. Da haben wir keine Termine frei.	Ja, das passt gut.
	das passt mir nicht.	Ja, das geht.
Da muss ich arbeiten.		
Am Freitagabend kann ich leider nicht,		aber am Samstag.
Um neun geht es leider nicht,		aber um zehn.

6 Pünktlichkeit interkulturell

a) **Was ist für Sie „pünktlich"?**

Das ist (noch) pünktlich / sehr unpünktlich.

1. Die Party beginnt um acht. Sie kommen um halb neun.
2. Der Zug hat acht Minuten Verspätung.
3. Der Kurs beginnt um acht. Sie kommen um fünf nach acht.
4. Ihre Freunde kochen. Das Essen fängt um 19 Uhr an. Sie kommen 20 Minuten später.

b) **Lesen Sie den Text. Was denken Sie?**

Marie Dupont studiert in Tübingen. Sie schreibt über die Deutschen und die Pünktlichkeit.

Sind die Deutschen wirklich so pünktlich?

Alle sagen, die Deutschen sind sehr pünktlich. Aber ich glaube das nicht. Ich fahre oft Bahn. Die Züge sind modern und meistens pünktlich, aber manchmal haben sie auch zwanzig Minuten Verspätung. In Frankreich sind die Züge nicht so modern, aber sie sind pünktlich. In Deutschland hast du um zwei einen Termin beim Zahnarzt und du wartest bis drei. Viele Partys beginnen um acht, aber die Leute kommen erst um halb neun oder neun. Ich glaube, die Deutschen sind genauso pünktlich oder unpünktlich wie die anderen Europäer auch.

1 Nach der Uhrzeit fragen. Was sagen die Personen? Schreiben Sie.

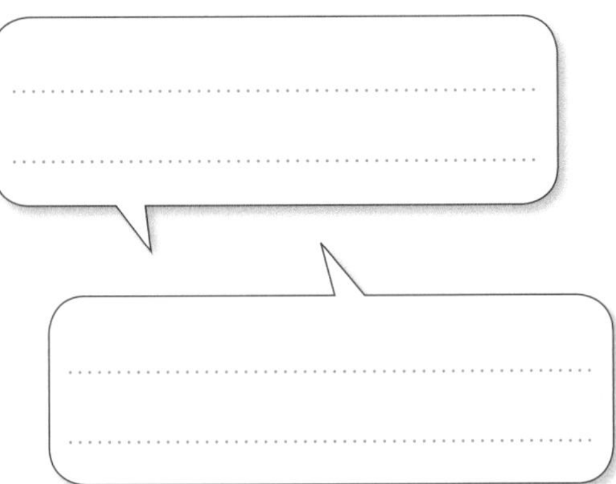

2 Termine

a) **Wie heißen die Wochentage? Schreiben Sie.**

Mo	....	Fr	....
Di	....	Sa	....
Mi	....	So	Sonntag
Do	....		

1.41 b) **Hören Sie und notieren Sie die Termine.**

16 Montag (228-137)	17 Dienstag (229-136)	18 Mittwoch (230-135)	19 Donnerstag (231-134)	20 Freitag (232-133)
Termine	7	7	7	7
8 8⁰⁰ Zahnarzt	8	8	8	8
9	9	9	9	9
10	10	10	10	10
11	11	11	11	11
12	12	12	12	12
13	13	13	13	13
14	14	14	14	14
15	15	15	15	15
16	16	16	16	16
17	17	17	17	17
18	18	18	18	18
19	19	19	19	19
20	20	20	20	20

3 Wie spät ist es?

a) **Zeichnen Sie die Uhrzeiten ein.**

1. Es ist zwanzig nach eins.
2. Es ist halb sieben.
3. Es ist Viertel vor drei.
4. Es ist fünf nach fünf.
5. Es ist Punkt vier.
6. Es ist zehn vor acht.

b) **Schreiben Sie. Es gibt mehrere Möglichkeiten.**

1 2 3 4 5 6 7 8

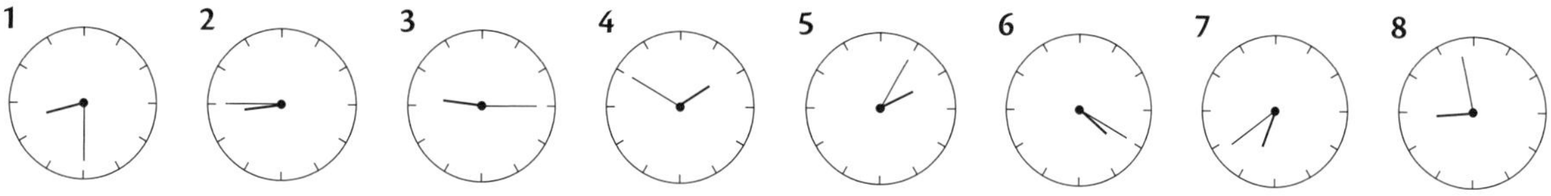

1. *Es ist 8.30 Uhr / halb neun.*
2. ....
3. ....
4. ....
5. ....
6. ....
7. ....
8. ....

1.42 c) **Hören Sie und notieren Sie die Uhrzeiten.**

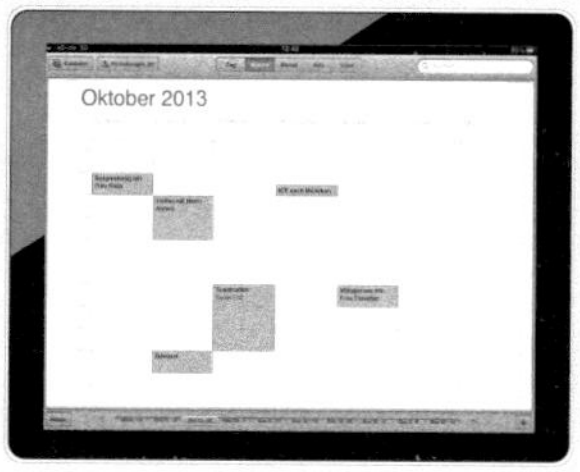

Oktober 2013

Gleis 3 ICE

1. ....
2. .... 
3. ....
4. .... 
5. ....
6. ....

4 Der Tagesablauf. **Ordnen Sie zu und schreiben Sie die Antworten.**

Wann arbeitet Sascha?	1	a (06:15)	*Um Viertel nach sechs.*
Wann steht sie auf?	2	b (7:00)	....
Wann geht sie ins Bett?	3	c (08:30–17:00)	....
Wann frühstückt sie?	4	d (23:30)	....

5 Tagesabläufe international. **Lesen Sie und schreiben Sie Fragen und Antworten.**

José lebt in Malaga. Das ist in Spanien. Er steht jeden Tag um 8 Uhr auf, dann frühstückt er. Von 9.30 bis 19.30 Uhr arbeitet er. Zwischen 12 und 14 Uhr macht er eine Pause. Am Dienstag macht er Sport, er spielt Tennis. Um 21 Uhr geht er mit Freunden aus. Er geht um 24 Uhr ins Bett.

My kommt aus China. Sie steht jeden Tag um 5 Uhr auf. Von 5.15 bis 6 Uhr macht sie Yoga. Um 6.15 Uhr frühstückt sie. Von 7.30 bis 16 Uhr arbeitet My. Um 18 Uhr liest sie Zeitung. Sie geht um 22 Uhr ins Bett.

1. Wann steht José auf? — *Um 8 Uhr.*
2. Von wann bis wann arbeitet er? — ....
3. Wann macht er eine Pause? — ....
4. .... — My macht von 5.15 bis 6 Uhr Yoga.
5. .... — Sie arbeitet von 7.30 bis 18 Uhr.
6. .... — Sie geht um 22 Uhr ins Bett.

6 Flüssig sprechen

a) **Was machen Sie wann? Ergänzen Sie.**

1. Am .... frühstücke ich um ...... Uhr.
2. Am .... arbeite ich von ...... bis ...... Uhr.
3. Um ...... Uhr habe ich Mittagspause.
4. Am .... mache ich von ...... bis ...... Uhr Sport.
5. Ich gehe um ...... Uhr ins Bett.

1.43 b) **Hören Sie und sprechen Sie nach.**

c) **Und am Sonntag? Schreiben Sie.**

7 *ck* oder *g*?

a) **Was schreibt man am Ende? Ergänzen Sie.**

1. der Vormitta...... – das Frühstü......
2. der Monta...... – Lübe......
3. das Glü...... – der Sonnta......

1.44 b) **Hören Sie und sprechen Sie nach.**

8 Ein Termin beim Finanzamt

a) **Ergänzen Sie die Präpositionen.**

am – am – Am – um – um – von … bis …

- Finanzamt München, mein Name ist Brauer. Was kann ich für Sie tun?
- Guten Tag, mein Name ist Prager. Ich hätte gern einen Termin. Haben Sie .... Dienstag Sprechzeiten?
- .... Dienstag? Ja, da sind unsere Sprechzeiten .... 7.30 .... 12 Uhr.
- Gut, geht es .... 10 Uhr?
- Ja, 10 Uhr geht.
- Schön, dann komme ich .... Dienstag .... 10 Uhr.

1.45 b) **Hören Sie und kontrollieren Sie.**

9 Tageszeiten

a) **Was sagen Sie wann? Verbinden Sie.**

6 bis 10 Uhr	
10 bis 12 Uhr	Guten Abend!
12 bis 14 Uhr	Guten Morgen!
14 bis 18 Uhr	Gute Nacht!
18 bis 22 Uhr	Guten Tag!
22 bis 6 Uhr	

b) **Ergänzen Sie die Tageszeiten.**

der Morgen ....

....

....

....

....

....

10 Textkaraoke

1.46

a) **Hören Sie und sprechen Sie die 👄-Rolle im Dialog.**

👂 …
👄 Guten Tag. Mein Name ist … Ich hätte gern einen Termin.
👂 …
👄 Nein.
👂 …
👄 Um acht Uhr kann ich leider nicht. Geht es auch um 14 Uhr?
👂 …
👄 Danke und auf Wiederhören!
👂 …

b) **Hören Sie und lesen Sie noch einmal. Was ist richtig? Kreuzen Sie an.**

Der Termin ist
- ☐ am Mittwochmorgen.
- ☐ am Mittwochnachmittag.

11 Nach der Uhrzeit fragen. **Schreiben Sie.**

1. Um wie viel Uhr ....?
   Das Kulturfest fängt um eins an.
2. Wann ....?
   Das Wasserfest ist am Freitagnachmittag von 12 bis 19 Uhr.
3. ....?
   Die Sprechzeiten sind am Mittwoch zwischen 8 und 15 Uhr.
4. ....?
   Der Yoga-Kurs für Männer ist am Mittwochabend um acht.

Freunde RÜDESHEIMER PLATZ
1. EMIL CAUER KULTURFEST
AM 12. MAI 2012
13–19 UHR AUF DEM RÜDESHEIMER PLATZ

WASSERFEST
25. August
12.00–19.00 Uhr
Livemusik & Show
Wasserspaß für Kinde

Dr. med. Eberhard Stein
Facharzt für innere Medizin
Südwestkorso 32
12161 Berlin
Tel.: +49 (30)/812 06 08
Fax: +49 (30)/812 06 09

Mo	8–15 Uhr
Di + Do	8–13 Uhr und 14–18 Uhr
Mi	8–15 Uhr
Fr	8–13 Uhr

Mi	10:00 – 11:30	Yoga – Offene Stunde
	18:00 – 19:30	Yoga – Offene Stunde
	20:00 – 21:30	Yoga für Männer – Offene Stunde
Do	17:30 – 18:30	Yoga für Jugendliche ab 11 Jahre
	19:30 – 21:00	Yoga – Offene Stunde

12 Gehen wir aus?

a) **Lesen Sie und ergänzen Sie den Dialog.**

von 15 bis 17 Uhr – Gehen – bis Sonntag – Ja, gern – das geht

- Hallo, Thomas! .... wir zusammen ins Konzert?
- .... Wann denn?
- Am Sonntag. Das Konzert ist ....
- Ja, ... Um wie viel Uhr treffen wir uns?
- Um halb drei?
- Okay. Dann ....!

b) **Lesen Sie den Dialog noch einmal und ergänzen Sie den Notizzettel.**

Konzert
am .... (von ...... bis ...... Uhr)
mit ...., treffen um ...... Uhr

c) **Schreiben Sie einen Dialog wie in a).**

Hallo, ... Gehen wir ...? →
← Ja ... / Wann?
Am ... / ... von ... bis ... →
← Ja ... / Um wie viel Uhr?
Um ...? →
← Okay. Dann ...
Bis ...

+ Hallo, Julia. Gehen wir zusammen in die Disko?
– ...

13 Gestern und heute. **Ergänzen Sie *haben* oder *hatten*.**

1. Gestern *hatte* ich keine Zeit,
   aber heute *habe* ich viel Zeit.

3. Gestern …………… du kein Glück,
   aber heute …………… du viel Glück.

2. Gestern …………… wir eine Panne,
   aber heute …………… wir keine Panne.

4. Gestern …………… er kein Geld,
   aber heute …………… er viel Geld.

14 Wir hatten eine Panne. **Ergänzen Sie das Präteritum von *haben* und *sein*.**

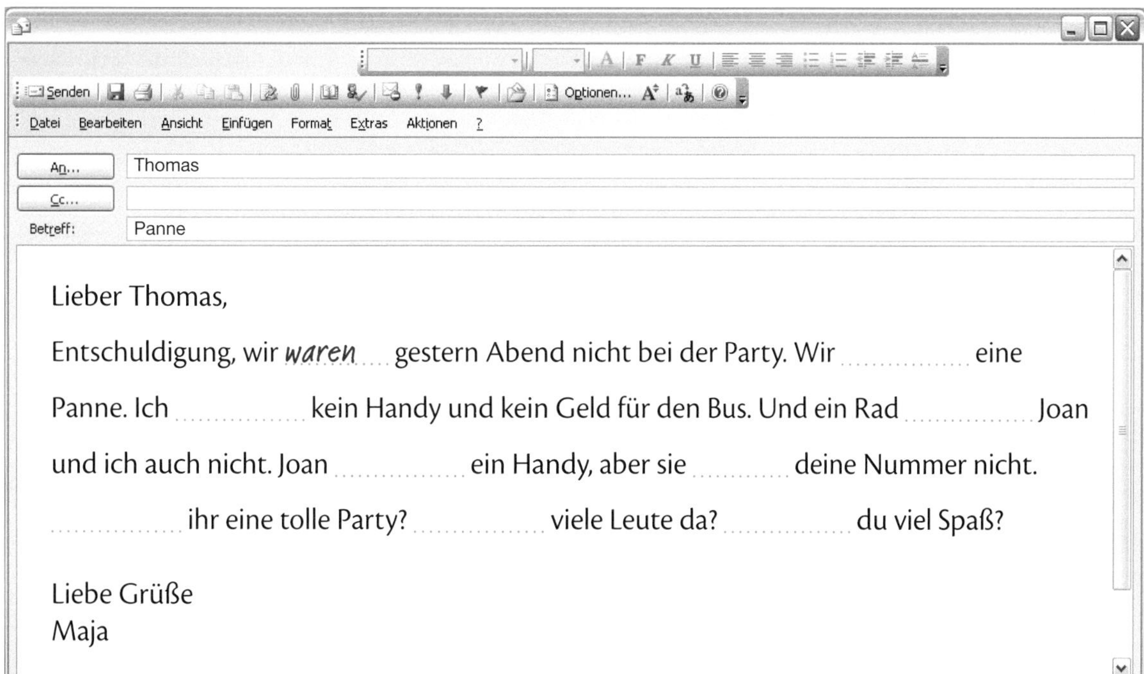
Senden | Optionen… | Datei Bearbeiten Ansicht Einfügen Format Extras Aktionen ?

An…: Thomas
Cc…:
Betreff: Panne

Lieber Thomas,

Entschuldigung, wir *waren* gestern Abend nicht bei der Party. Wir …………… eine Panne. Ich …………… kein Handy und kein Geld für den Bus. Und ein Rad …………… Joan und ich auch nicht. Joan …………… ein Handy, aber sie …………… deine Nummer nicht. …………… ihr eine tolle Party? …………… viele Leute da? …………… du viel Spaß?

Liebe Grüße
Maja

15 Textkaraoke. **Hören Sie und sprechen Sie die 👄-Rolle im Dialog.**

1.47

👂 …
👄 Ich stehe um sieben Uhr auf.
👂 …
👄 Ich fange zwischen acht und neun Uhr an.
👂 …
👄 Ich gehe um neun aus.

16 Ein Tag von Robert. Schreiben Sie Sätze.

1. um 7.30 Uhr aufstehen — *Robert* | *steht* | *um 7.30 Uhr* | *auf*.
2. um 9 Uhr im Büro anfangen …… | …… | …… | …… .
3. am Nachmittag einkaufen …… | …… | …… | …… .
4. dann eine Freundin anrufen …… | …… | …… | …… .
5. mit Freunden ausgehen …… | …… | …… | …… .

17 Eine Verabredung. Ergänzen Sie.

kaufe … ein – fängt … an – Sehen … an – rufe … an – ~~gehen … aus~~

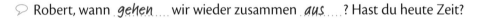

○ Hi, Robert! Hier ist Gitte.

● Hallo, Gitte.

○ Robert, wann *gehen* wir wieder zusammen *aus*? Hast du heute Zeit?

● Ja, heute geht es. …… wir uns den Film von Woody Allen ……?

○ Ja, gern. Ich …… auch noch Sabine …… . Wann …… der Film ……?

● Um 20.45 Uhr. Ich …… schnell …… und wir kochen Spaghetti. Dann gehen wir ins Kino.

○ Super, dann treffen wir uns um sechs?

● Ja. Bis dann!

18 Zwei Tage von Ulrike. Schreiben Sie die Sätze mit *nicht*.

Ich stehe um 5.45 Uhr auf und jogge um 6 Uhr.
Ich frühstücke um 6.45 Uhr.
Ich arbeite von 9 bis 18 Uhr. Von 12.30 bis 13.15 Uhr mache ich Mittagspause.
Ich habe viele Termine. Ich telefoniere oft.
Ich gehe um 23 Uhr ins Bett.
Ich lebe gesund.

Aber im Urlaub stehe ich nicht um 5.45 Uhr auf und jogge nicht um 6 Uhr. Ich ……

……

……

……

……

Fit für Einheit 6? Testen Sie sich!

Mit Sprache handeln

Zeitangaben machen

......................? .... ▸ KB 1.2, 2.2–2.3

Termine machen und sich verabreden

Gehen wir zusammen ins Kino?
Ja, gern. Am Dienstagabend?

☺ .... ☹ .... ▸ KB 3.2–3.6, 4.5

sich für eine Verspätung entschuldigen

Wo warst du? Entschuldigung, ... ▸ KB 4.1

Wortfelder

Wochentage, Tageszeiten und Uhrzeiten

Mo, 8.30 Uhr *Montagvormittag, halb neun* Mi, 16.45 Uhr ....

Do, 19 Uhr .... So, 10.30 Uhr ....

▸ KB 1.2, 2.1, 2.2, 3.1

Grammatik

Temporale Präpositionen

am Dienstag ...... 20 Uhr, ... Sonntag ...... 20.15 ...... 21.45 Uhr ▸ KB 2.3

Präteritum von *haben*

ich *hatte*; du ......; er/es/sie ......; wir ......; ihr ......; sie/Sie ...... ▸ KB 4.2

Trennbare Verben

Wann stehst du morgen auf? *aufstehen* Ich rufe dich am Dienstag an. ......

Der Film fängt um acht Uhr an. ...... Gehen wir heute Abend aus? ...... ▸ KB 4.3

Verneinung mit *nicht*

Am Freitag arbeite ich. ...... Ich gehe oft aus. ...... ▸ KB 4.4

Aussprache

Konsonanten *k, g* und *p, b*

1.48

das Frühstück – der Nachmittag die Pause – der Beruf ▸ KB 2.6, 3.4

6 Orientierung

Hier lernen Sie

- sagen, wo Leute wohnen und arbeiten
- sagen, wie Leute zur Arbeit kommen
- in einem Haus nach dem Weg / nach einer Person fragen
- einen Arbeitsplatz im Büro beschreiben
- Termine machen

1 Arbeiten in Leipzig

1 Ich bin Birgit Schäfer und wohne in Schkeuditz. Ich arbeite bei ALDI am Leipziger Hauptbahnhof. Ich fahre eine halbe Stunde mit dem Zug.

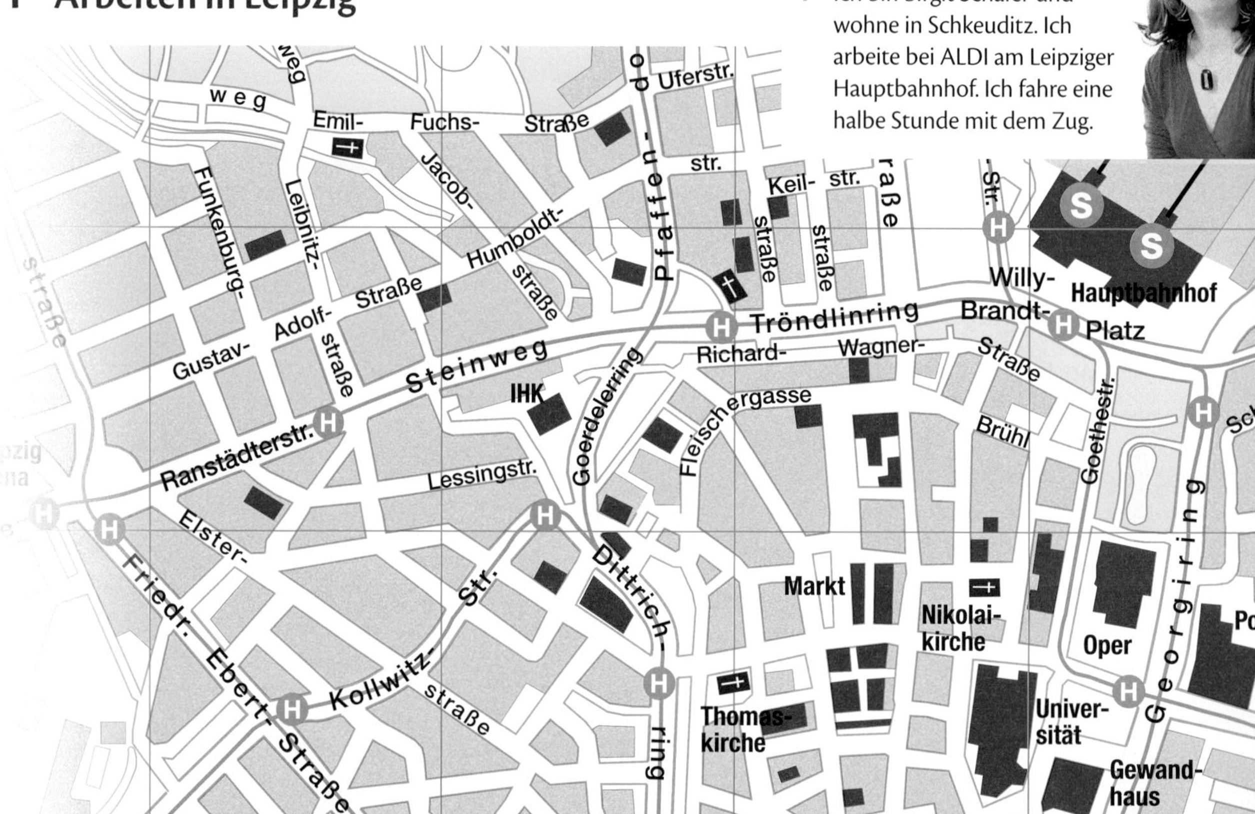

1 Wortfeld Stadt. **Sammeln Sie Wörter mit Artikel. Der Stadtplan hilft.**

die Bibliothek, das Hotel, die Oper, ...

2 Informationen sammeln. **Lesen Sie die Texte und ergänzen Sie die Tabelle.**
Ü1

Name	*wohnt*	*arbeitet*	*braucht*	*fährt*
Marco Sommer	*in Markkleeberg*	*bei der*	*20 Minuten*	*mit der* ....

3 Informationen hören und vergleichen. **Welche Informationen sind neu?**
1.54

mit der U-Bahn

mit dem Bus

mit dem Moped

mit der Straßenbahn

mit dem Fahr

2 Ich heiße Lina Salewski und bin Bibliothekarin. Ich arbeite in der Universitätsbibliothek „Albertina" in der Beethovenstraße. Mein Büro ist in der vierten Etage. Ich wohne in Gohlis und fahre eine Viertelstunde mit dem Fahrrad zur Arbeit.

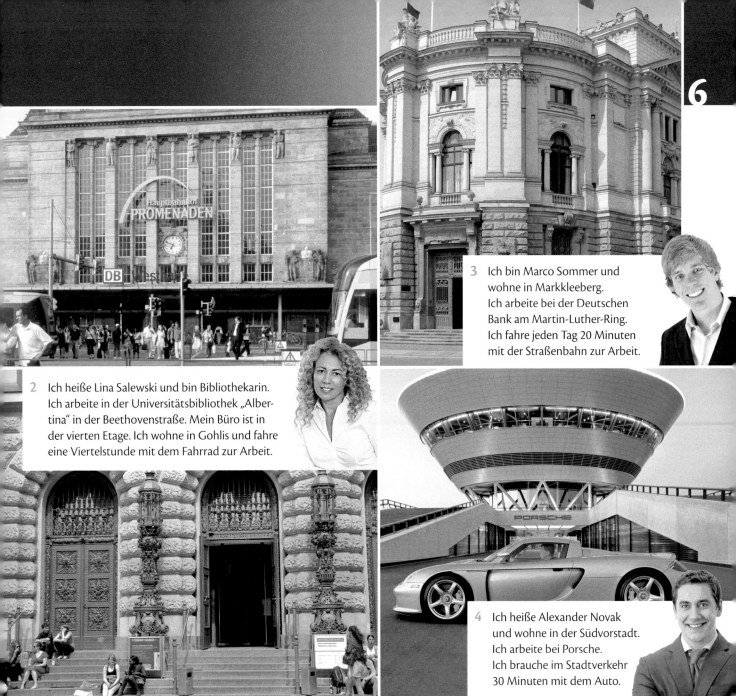

3 Ich bin Marco Sommer und wohne in Markkleeberg. Ich arbeite bei der Deutschen Bank am Martin-Luther-Ring. Ich fahre jeden Tag 20 Minuten mit der Straßenbahn zur Arbeit.

4 Ich heiße Alexander Novak und wohne in der Südvorstadt. Ich arbeite bei Porsche. Ich brauche im Stadtverkehr 30 Minuten mit dem Auto.

4 Wo Leute arbeiten. Wie Leute zur Arbeit kommen. **Fragen Sie und berichten Sie.**

Ü2–4

Wo wohnen Sie und wo arbeiten Sie?

Ich wohne in ... und arbeite bei ...

Wie kommen Sie zum Deutschkurs?

Ich komme mit der Straßenbahn. Und Sie?

Redemittel

sagen, wo man wohnt und wie man zur Arbeit kommt

Pavel Maria	wohnt in ... arbeitet bei/in ...		
Er/Sie	kommt/fährt	mit dem Bus mit der U-Bahn mit dem Zug	zur Arbeit. zum Sprachkurs.

ABC

2 In der Unibibliothek

1 Die Biblioteca Albertina. **Lesen Sie den Text und ergänzen Sie die Fragen und Antworten.**
Ü5

Die „Albertina" ist die Bibliothek der Universität Leipzig. Das Haus in der Beethovenstraße 6 ist alt, aber die Bibliothek ist sehr modern. Viele Studentinnen und Studenten arbeiten in den Lesesälen in der ersten Etage.

Die Bibliothek hat auch eine Internetseite. Der Katalog ist online. Unten in der „Cafébar" im Erdgeschoss kann man Kaffee trinken und Sandwiches oder Suppe essen.

Dort sind auch die Garderobe und der Ausgang. In der zweiten Etage findet man die Wörterbücher und die Zeitungen. In der dritten Etage gibt es Gruppenarbeitsräume. Oben in der vierten Etage ist die Verwaltung. Hier ist auch das Büro von Frau Salewski. Sie arbeitet von 7.30 bis 16.00 Uhr.

1. Entschuldigung, wo ist die Unibibliothek? — Die „Albertina" ist ...
2. Entschuldigung, wo sind hier die Wörterbücher? — In der ... Etage.
3. ... ist hier die Cafébar? — In ...
4. Entschuldigung, wo finde ich Frau Salewski? — Das Büro von ...
5. ... ist der Lesesaal? — ...
6. ... der Gruppenarbeitsraum A? — ...

2 *[f]* und *[v]*

a) **Hören Sie die Wörter und markieren Sie** *[f]* **wie** ***fahren*** **und** *[v]* **wie** ***wohnen.***
1.55
Ü6

die Werbung – die Wohnung – zu Fuß – viele – die Verwaltung – vier – Dr. Weber – westlich – das Fahrrad – das Wörterbuch – die vierte Etage – der Füller – die Viertelstunde

b) **Suchen Sie weitere Beispiele.**

3 Orientierung in der Bibliothek

a) **Hören Sie und üben Sie zu zweit.**

1.56
Ü7–8

Guten Morgen, wo finde ich Frau Salewski?
Moment, das Büro von Frau Salewski ist in der vierten Etage, Zimmer 405.
Entschuldigung, wo ist der Lesesaal?
In der zweiten Etage, links und rechts.
Entschuldigung, wo sind hier die Toiletten?
Im Erdgeschoss und in der zweiten Etage.
Wo ist bitte die Garderobe?
Hier im Erdgeschoss rechts.

b) **Üben Sie: andere Fragen, andere Antworten.**

Redemittel

nach dem Weg / der Person fragen		**so kann man antworten**
Wo ist/sind bitte ... In welcher Etage ist/sind ... Entschuldigung, wo finde ich ...	der/den Ausgang? die Verwaltung? die Gruppenräume? die Toiletten? der/den Lesesaal?	Im Erdgeschoss. In der ersten Etage. In der zweiten Etage links. In der dritten Etage rechts. In der vierten Etage. Vor/Hinter dem Haus.

4 Ein Spiel für zwei: In der Bibliothek

a) **Notieren Sie zu zweit Räume in einer Bibliothek.**

der Lesesaal, die Information, die Verwaltung, das Café, der Ausgang, ...

b) **Zeichnen Sie zwei Bibliotheken (A und B). Schreiben Sie die Wörter aus a) hinein.**

A

Lesesaal	Zeitungen
Toiletten	Verwaltung
Information	Gruppenräume
Café	Ausgang

B

	Information

c) **Was ist wo? Fragen Sie Ihre Partnerin / Ihren Partner.**

- Sind die Gruppenräume B in der zweiten Etage? — Nein.
- Ist das Café im Erdgeschoss? — Ja, das Café ist ...
- Ist der Lesesaal in der dritten Etage links? — ...

5 Orientierung in der Sprachschule. **Fragen und antworten Sie.**

Entschuldigung, wo ist das Sekretariat?

Das Sekretariat ist im Erdgeschoss links.

Wo sind bitte ...?

3 Wo ist mein Terminkalender?

1 Im Büro

Ü9

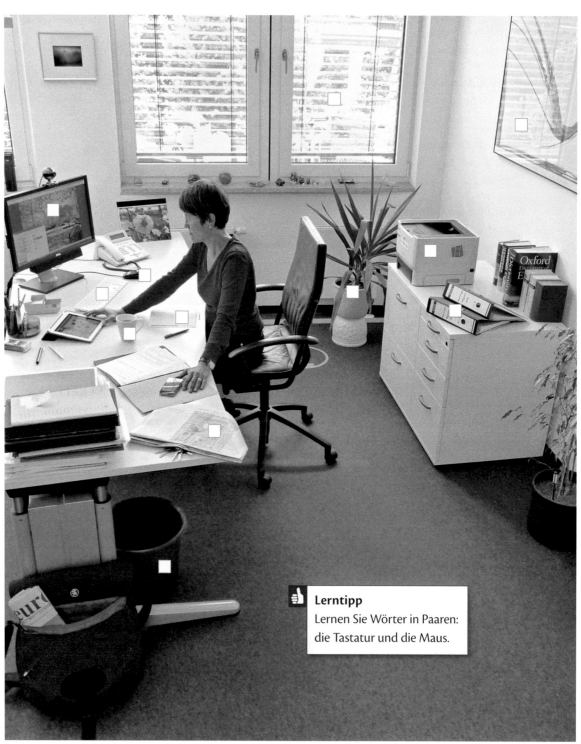

Lerntipp
Lernen Sie Wörter in Paaren: die Tastatur und die Maus.

a) **Was ist was? Ordnen Sie zu.**

1. der Monitor
2. der Drucker
3. die Kaffeetasse
4. die Tastatur
5. die Maus
6. der Notizblock
7. der Ordner
8. die Pflanze
9. das Bild
10. die Zeitung
11. das Fenster
12. der Papierkorb

1.57

b) **Hören Sie die Wörter und sprechen Sie nach.**

2 Was ist wo?

Ü10

a) Sehen Sie die Fotos an und ordnen Sie zu.

auf dem Notizblock – unter der Zeitung – in der Tasche – neben der Tastatur – an der Wand – vor den Wörterbüchern – hinter dem Schrank – über dem Schrank – ~~zwischen den Fenstern~~

1

zwischen den Fenstern

3

5

7

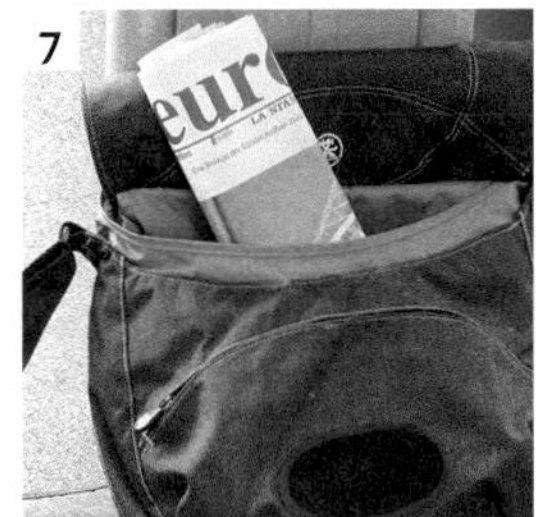

2

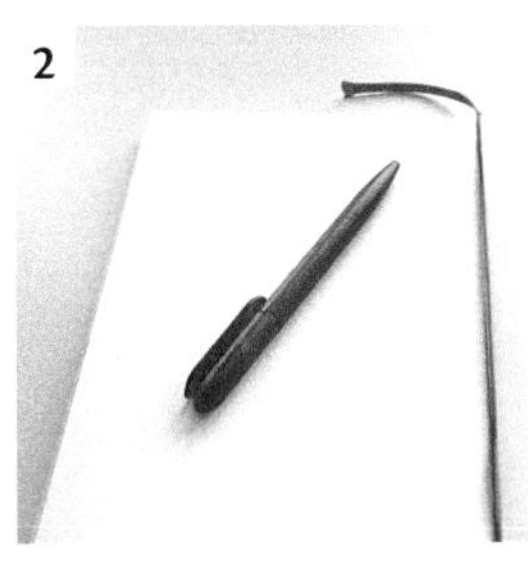

4

6

8

b) Beschreiben Sie das Foto in 1. Die Tabelle hilft.

13

Das Bild hängt zwischen den Fenstern.

Der Schlüssel liegt unter der Zeitung.

Grammatik

Präpositionen + Dativ: Wo ...?

...	ist	auf/unter	der Zeitung.
	liegt	in/neben	dem Regal.
	steht	vor/hinter/an	der Tür.
	hängt	über	dem Tisch.
		zwischen	den Fenstern.

Minimemo

im	=	in dem
am	=	an dem
beim	=	bei dem

3 Wo ist das Buch? Spielen Sie im Kurs.

Eine/r fragt:

Ist das Buch unter dem Tisch?

... in der Tasche?

... neben ...

Die Gruppe antwortet:

ABC

4 Termine machen

1 Terminangaben verstehen

Ü11–12

a) **Lesen Sie den Terminkalender von Marco Sommer. Was macht er wann?**

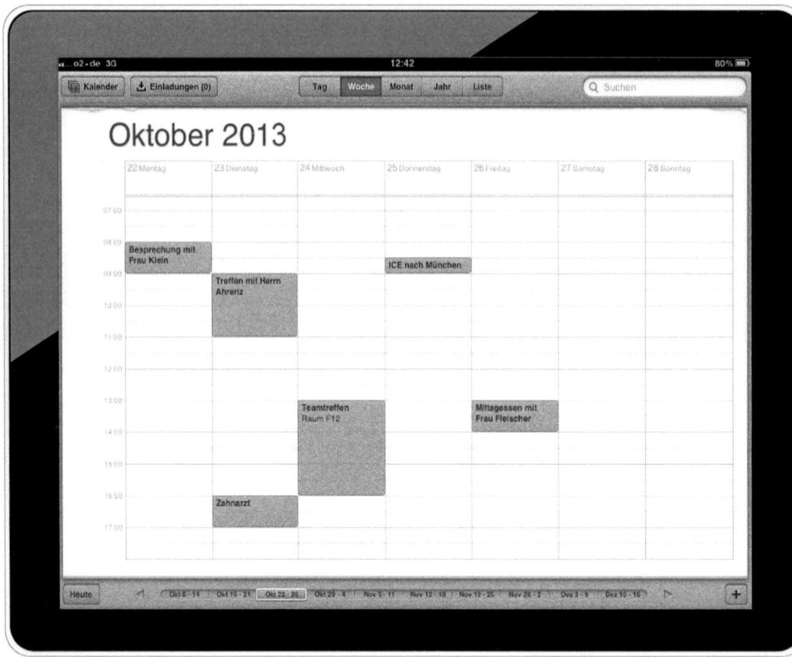

b) **Hören Sie und notieren Sie den Termin.** 1.58

c) **Hören Sie und korrigieren Sie den Arzttermin.** 1.59

2 Ordnungszahlen. **Ergänzen Sie.**

1.	der **erste** Fünfte	am **ersten** Fünften
2.	der zweite	am zweiten
3.	der **dritte**	am **dritten**
6.	der sechste	....
7.	der **siebte**	....
8.	der achte	....
10.	der zehnte	....
17.	der **siebzehnte**	....
20.	der zwanzigste	....
21.	der einundzwanzigste	....

Minimemo

Nominativ: Zahl + -(s)*te*
Heute **ist** der zwei**te** Fünfte.
Dativ:
Zahl + -(s)*ten*
Ich **habe am** zwei**ten** Fünften Geburtstag.

3 Geburtstage. **Wann sind Sie geboren? Machen Sie einen Geburtstagskalender.**

Ü13

Name	*Geburtstag*
Roberto Fabiani	*22.8.1973*

Ich bin am zweiundzwanzigsten Achten neunzehnhundertdreiundsiebzig geboren.

Ich habe am elften Elften Geburtstag.

5 Die Stadt Leipzig – zwischen Bach und Porsche

1 Informationen über Leipzig. **Sammeln Sie Wörter zu den Themen Musik und Wirtschaft.**

Ü14–15

Leipzig ist eine Großstadt mit Tradition. Seit 1497 finden hier Messen statt und seit 1409 gibt es die Leipziger Universität. Viele berühmte Leute waren in Leipzig: Johann Wolfgang von Goethe war hier Student. Der Komponist Richard Wagner war Schüler in der Nikolaischule. Johann Sebastian Bach war Kantor an der Thomaskirche und war Leiter vom Thomanerchor. Der Chor existiert auch heute noch und gibt international Konzerte.

Der Thomanerchor

Leipzig ist auch eine Industriestadt. Porsche und BMW produzieren hier Autos. An der Universität studieren Studenten aus der ganzen Welt. Das Stadtzentrum mit Einkaufspassagen, alten Häusern und vielen Restaurants ist für Touristen attraktiv.

Musikfans besuchen die Oper und das Gewandhaus oder ein Konzert von den Prinzen.

Konzert mit den Prinzen

Bücherfreunde kommen jedes Jahr im März zur Leipziger Buchmesse.

Eintrittskarte Leipziger Buchmesse, 2011

Und noch ein Tipp: Kommen Sie nach Leipzig mit der Bahn. Der Hauptbahnhof ist ein Shopping-Paradies!

Einkaufen im Hauptbahnhof

Musik	Wirtschaft
der Komponist ...	...

2 Mein Tag in Leipzig. **Was interessiert Sie? Machen Sie einen Plan.**

9 – 11 Uhr: ...
12 Uhr: Mittagessen im Restaurant

1 Verkehrsmittel

1.49

a) **Welche Verkehrsmittel hören Sie? Kreuzen Sie an.**

1

☐ ....

3

☐ ....

5

☐ ....

2

☐ ....

4

☐ das Motorrad

6

☐ ....

b) **Ordnen Sie die Verkehrsmittel zu.**

das Auto – der Zug – die U-Bahn – ~~das Motorrad~~ – das Fahrrad – die Straßenbahn

1.50

2 Interviews auf der Straße: „Wie kommen Sie zur Arbeit?" **Hören Sie und ergänzen Sie.**

1

Ich arbeite .... in Münster. Münster ist klein. Ich stehe .... auf. Ich fahre .... zur Arbeit.

3

Ich lebe in Hamburg und arbeite am Hamburger Hafen. Ich stehe jeden Morgen .... auf und fahre .... zur Arbeit.

2

Ich arbeite am Max-Planck-Institut in Jena und wohne in Weimar. Ich stehe .... auf. Ich fahre eine Viertelstunde .... und .... zum Institut am Beutenberg.

4

Ich arbeite in Berlin und lebe in Potsdam. Von Montag bis Freitag stehe ich .... auf. Potsdam ist südwestlich von Berlin. Ich fahre .... bis zum Hauptbahnhof und .... bis zur Arbeit.

3 In der Stadt. **Was kennen Sie? Schreiben Sie acht Wörter mit Artikel.**

1. .... 5. ....
2. .... 6. ....
3. .... 7. ....
4. .... 8. ....

4 Wo wohnen Sie? Wie kommen Sie zur Arbeit?

a) **Ergänzen Sie die Fragepronomen.**

.... wohnen Sie? 1	a	Ich fahre mit dem Fahrrad zum Deutschkurs.
.... fährt morgens Ihr Bus? 2	b	Ich arbeite im Krankenhaus in Freiburg.
.... fahren Sie nach Hause? 3	c	Ich wohne in Freiburg.
Wie fahren Sie zur Arbeit? 4	d	Ich fahre um 17 Uhr nach Hause.
.... arbeiten Sie? 5	e	Der Bus fährt um 6.55 Uhr.
.... kommen Sie zum Deutschkurs? 6	f	Ich fahre mit dem Bus zur Arbeit.

b) **Was passt zusammen? Verbinden Sie.**

c) **Und Sie? Wo wohnen Sie und wo arbeiten Sie? Wie kommen Sie zum Deutschkurs?**

....

5 In der Bibliothek

1.51

a) Was ist wo? Hören Sie und schreiben Sie.

Wo?	Was?
....	....
....	*die Verwaltung*
....	....
....	....
das Erdgeschoss	....
	....

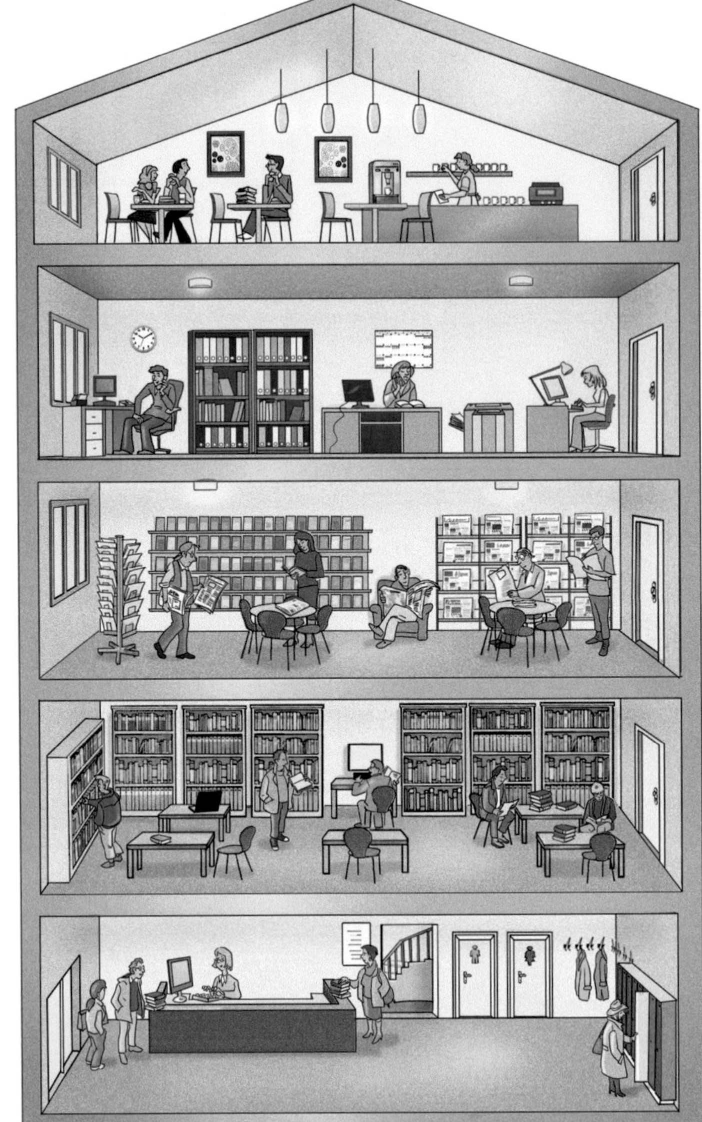

b) Was machen Sie wo? Ordnen Sie die Verben zu.

lesen – trinken – schreiben – telefonieren – fragen – essen – arbeiten

1 am Empfang

2 in der Caféteria

3 im Lesesaal

....

....

6 [f] und [v]

1.52

a) **Hören Sie die Dialoge. Markieren Sie [f] und [v] .**

1. Hallo, entschuldigen Sie. Wo finde ich Frau Vierstein?
   Sie finden Frau Vierstein in der vierten Etage. Sie arbeitet in der Verwaltung im Zimmer 44.
2. Frau Freud, wann ist Herr Fürstenfeld in Verden?
   Herr Fürstenfeld ist vom 5. bis 15.05. in Verden.
3. Hey, Friederike. Um wie viel Uhr fährt der Zug nach Freiburg?
   Der Zug fährt um Viertel nach vier.

b) **Hören Sie noch einmal und sprechen Sie nach.**

7 Textkaraoke. **Hören Sie und sprechen Sie die -Rolle im Dialog.**

1.53

...
Ja, wo ist denn bitte die Caféteria?
...
In welcher Etage sind die Lesesäle?
...
Und die Gruppenarbeitsräume? Wo finde ich die Gruppenarbeitsräume?
...
Und ... Entschuldigung, wo sind die Toiletten bitte?
...
Vielen Dank!

8 Entschuldigung, wo finde ich ...? **Hier sind die Antworten. Schreiben Sie die Fragen.**

1. ....?
   Das Sekretariat ist in der ersten Etage links, Zimmer 103.
2. ....?
   Die Garderobe ist hier im Erdgeschoss links.
3. ....?
   Die Toiletten? Gleich hier rechts, neben dem Lesesaal.
4. ....?
   Der Ausgang ist hier vorne rechts und dann geradeaus.
5. ....?
   Die Verwaltung finden Sie in der vierten Etage.
6. ....?
   Das Büro von Frau Müller ist in der zweiten Etage, Zimmer 247.

9 Im Büro. Sammeln Sie Wörter.

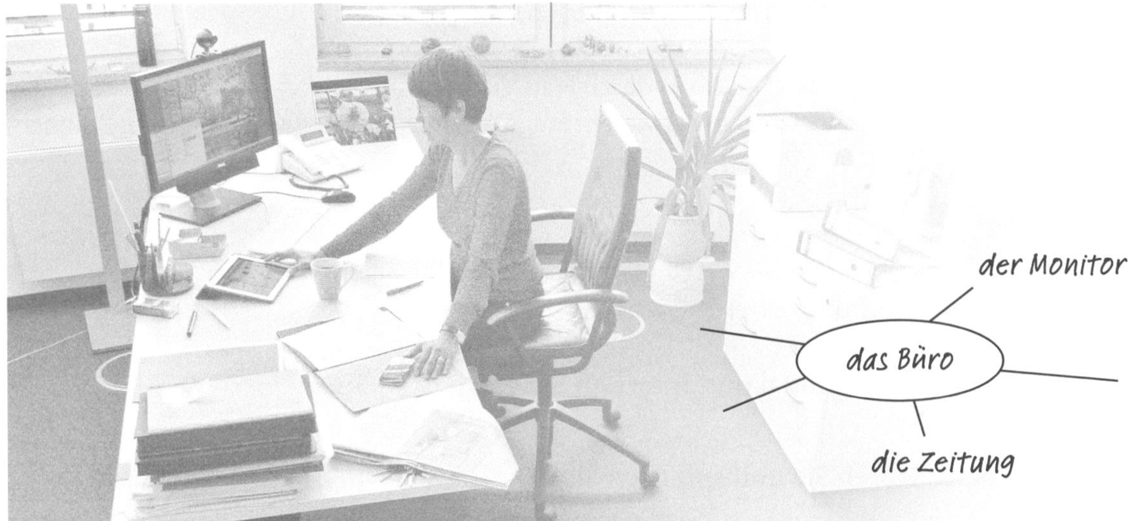

10 Im Studentenwohnheim: vor und nach der Party. Was ist wo?

Vor der Party

Die Gitarre hängt an der Wand. ....

....

....

....

Nach der Party 4:00

....

....

....

....

1.54

11 Termine bei der Ärztin. **Hören Sie und ergänzen Sie die Termine. Heute ist Montag.**

Montag, 9. 8.	Dienstag, 10. 8.	Mittwoch, 11. 8.	Donnerstag, 12. 8.	
8	8 00	8 00	8 00 Schulze	
8 15	8 15	8 15 Köhler	8 15	
8 30	8 30 Beckmann	8 30	8 30 Franz	
8 45 Fröhlich	8 45	8 45	8 45	
9 00	9 00	9 00 Yildirim	9 00 Bauer	
9 15 Hermann	9 15	9 15	9 15	
9 30	9 30 Friedrich	9 30	9 30	
9 45 Wozniak	9 45	9 45	9 45	
10 00	10 00	10 00	10 00 Steiner	
10 15	10 15	10 15 Müller	10 15	10 15
10 30	10 30 Lopez	10 30	10 30	10 30
10 45 Finster	10 45	10 45	10 45 Ziegler	10 45
11 00	11 00	11 00 Schmidt	11 00	11 00
11 15	11 15	11 15	11 15	11 15 Schumann
11 30	11 30	11 30	11 30	11 30
11 45	11 45	11 45	11 45	11 45

12 Wann trifft Caroline ihre Freunde? **Lesen Sie und ergänzen Sie.**

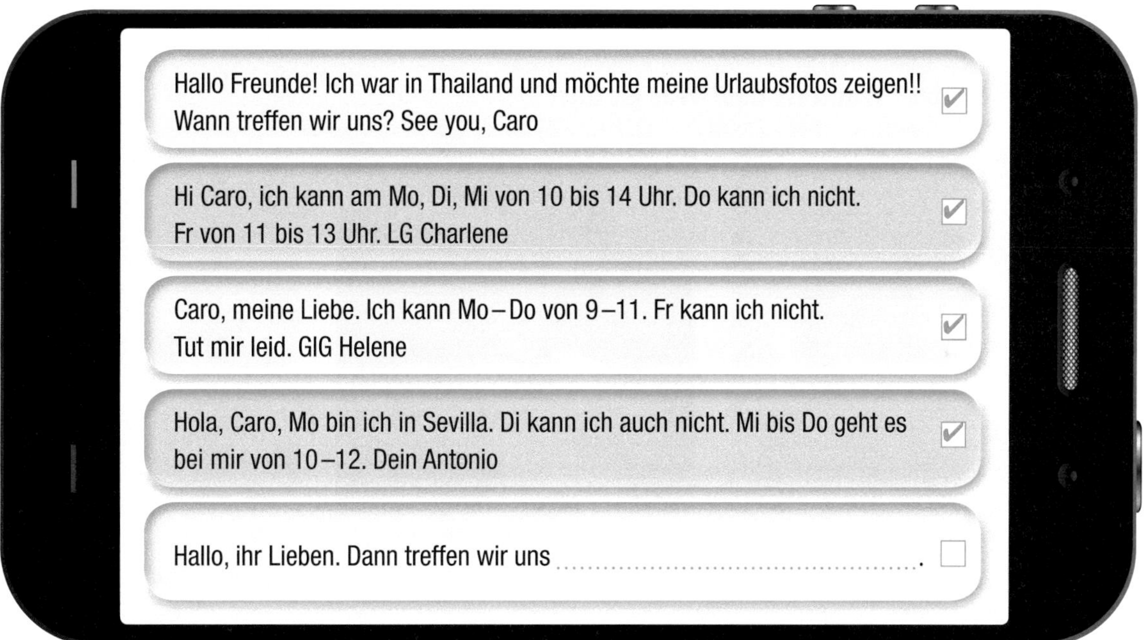

Hallo Freunde! Ich war in Thailand und möchte meine Urlaubsfotos zeigen!! Wann treffen wir uns? See you, Caro
Hi Caro, ich kann am Mo, Di, Mi von 10 bis 14 Uhr. Do kann ich nicht. Fr von 11 bis 13 Uhr. LG Charlene
Caro, meine Liebe. Ich kann Mo–Do von 9–11. Fr kann ich nicht. Tut mir leid. GIG Helene
Hola, Caro, Mo bin ich in Sevilla. Di kann ich auch nicht. Mi bis Do geht es bei mir von 10–12. Dein Antonio
Hallo, ihr Lieben. Dann treffen wir uns ....

1.55

13 Geburtstage der Stars. **Hören Sie und schreiben Sie das Datum.**

Queen Elizabeth

George Clooney

Heidi Klum

Vitali Klitschko

1. ....
2. ....
3. ....
4. ....

14 Leipzig. **Lesen Sie den Text auf Seite 113 noch einmal. Was ist richtig? Kreuzen Sie an.**

1. Seit wann finden in Leipzig Messen statt?
   - a ☐ 1444
   - b ☐ 1497
   - c ☐ 1494
   - d ☐ 1947
2. Was war Richard Wagner in Leipzig?
   - a ☐ Er war Schüler in der Nikolaischule.
   - b ☐ Er war Sänger in der Nikolaischule.
   - c ☐ Er war Komponist in der Nikolaischule.
   - d ☐ Er war Student in der Nikolaischule.
3. Was machen BMW und Porsche in Leipzig?
   - a ☐ BWM und Porsche informieren über Autos.
   - b ☐ BMW und Porsche produzieren Autos.
   - c ☐ BMW und Porsche sammeln Autos.
   - d ☐ BMW und Porsche kaufen Autos.
4. Was besuchen Musikfans in Leipzig?
   - a ☐ Sie besuchen die Oper und das Kino.
   - b ☐ Sie besuchen das Theater und die Universität.
   - c ☐ Sie besuchen die Oper und Konzerte.
   - d ☐ Sie besuchen das Museum und den Bahnhof.
5. Wann ist die Leipziger Buchmesse?
   - a ☐ Die Buchmesse ist jedes Jahr im Mai.
   - b ☐ Die Buchmesse ist jedes Jahr im August.
   - c ☐ Die Buchmesse ist jedes Jahr im März.
   - d ☐ Die Buchmesse ist jeden Montag.

15 Quiz online: Informationen über Leipzig finden

a) **Wer ist das? Wann ist das? Was ist das?**

die Leipziger Buchmesse –
das Gewandhaus –
Johann Sebastian Bach

Leipzig lie

....

b) **Finden Sie im Internet drei ...**

1. **Kinofilme:**

....

....

2. **Sehenswürdigkeiten:**

....

....

3. **Museen:**

....

....

Fit für Einheit 7? Testen Sie sich!

Mit Sprache handeln

sagen, wo Leute arbeiten und wohnen

Frau Petersen ....t in einem Büro in Berlin und ....t in Potsdam. ▸ KB 1.2

sagen, wie Leute zur Arbeit kommen

mit dem Bus, mit der .... ▸ KB 1.2, 1.4

in einem Haus nach dem Weg / einer Person fragen

Wo ...., *bitte*? Die Toiletten sind im Erdgeschoss.

Entschuldigung ....? Das Sekretariat ist in der 2. Etage rechts.

▸ KB 2.1, 2.3, 2.5

1.56

Termine machen und Zeitangaben verstehen

☐ 10 und 14 Uhr ☐ 7 und 2 Uhr ☐ 10 und 12 Uhr ▸ KB 4.1

Wortfelder

Verkehrsmittel

die U-Bahn, das Auto, zu Fuß, ... ▸ KB 1.4

Büro

der Schreibtisch, das Regal, der Monitor, ... ▸ KB 3.1

Grammatik

Präpositionen mit Dativ

Das Bild hängt .... Wand.

Das Bild hängt .... Schrank.

Die Pflanze steht .... Schrank.

Der Drucker steht .... Schrank.

Die Ordner liegen .... Wörterbüchern. ▸ KB 3.2

Ordnungszahlen

Das Büro ist in der 3. (............) Etage. Heute ist der vierundzwanzigste Zwölfte (............).

▸ KB 4.2, 4.3

Aussprache

1.57

[f] oder [v]?

vier - wir - waren - fahren ▸ KB 2.2

Station 2

1 Berufsbilder

1 Beruf Sekretärin

a) **Wo arbeitet Frau Herbst? Kennen Sie die Firma? Sprechen Sie im Kurs.**

1

....

b) **Lesen Sie und markieren Sie internationale Wörter.**

Ich bin Sarah Herbst. Ich arbeite als Sekretärin bei der Firma Steiff in Giengen. Steiff produziert Teddybären und Stofftiere. Meine Arbeit ist sehr interessant und ich habe immer viel zu tun. Ich mache alle typischen Büroarbeiten: Texte am Computer schreiben, Telefonate führen, E-Mails schreiben und beantworten, Faxe senden, für meinen Chef Termine machen und viel organisieren. Unsere Firma kooperiert mit vielen nationalen und internationalen Partnern. Für die Geschäftsreisen muss ich Termine koordinieren und Flüge und Hotelzimmer buchen. Oft kommen die Geschäftspartner auch in unsere Firma. Ich organisiere dann die Besprechungen mit meinem Chef, begrüße und betreue die Gäste und schreibe die Protokolle. Kommunikation, Organisation und Fremdsprachenkenntnisse sind wichtig für die Karriere.

c) **Was machen Sekretärinnen? Lesen Sie noch einmal und schreiben Sie zu den Fotos.**

2

3

4

5

....

....

2 Frau Herbst am Telefon. **Machen Sie einen Termin. Hier sind die Stichwörter.**

Herr Schneider – Termin mit dem Chef – Freitag, neun Uhr? – geht nicht – 13 Uhr? – o.k.

3 Beruf Automechatroniker

a) **Welche Wörter im Text passen zu den Fotos? Lesen Sie und markieren Sie.**

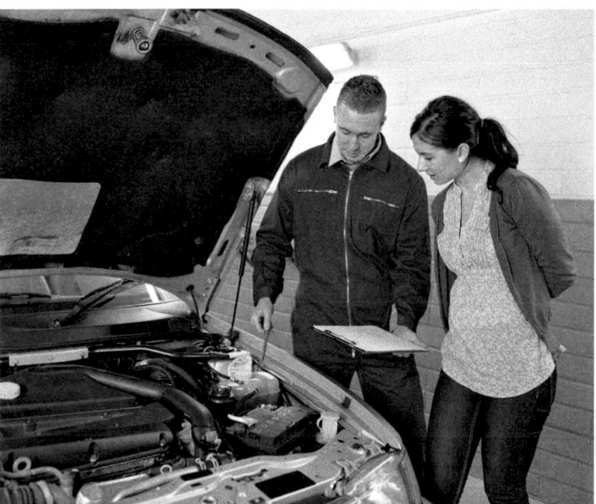

Mein Name ist Klaus Stephan. Ich arbeite als Mechatroniker in einer Autowerkstatt in Emden. Wir sind fünf Kollegen: ein Meister, drei Azubis und ich. Unsere Arbeitszeit ist von 7.30 bis 17 Uhr. Mittagspause machen wir von 12 bis 13 Uhr. Oft arbeiten wir bis 18 Uhr. Am Samstag müssen drei Kollegen bis zum Mittag arbeiten. Wir können wechseln.
Wir machen den Service für alle Audi-Modelle. Meine Aufgaben sind: Diagnose, Termine machen, reparieren und Kunden beraten. Der Service ist wichtig! Die Kunden bringen am Morgen ihre Autos und am Abend können sie sie oft schon abholen. Aber: Guter Service ist nicht billig. Manchmal gibt es Diskussionen mit den Kunden über die Kosten.

b) **Welche Informationen sind hier anders? Vergleichen Sie die Texte. Markieren Sie.**

Ich bin Klaus Stephan und arbeite als Mechatroniker bei Audi. Wir sind fünf Kollegen: zwei Meister und drei Azubis. Wir arbeiten von Montag bis Freitag von 7.30 bis 17 Uhr mit einer Pause von 12 bis 13 Uhr. Der Samstag ist frei.
Wir machen den Service für alle Audi-Modelle. Meine Aufgaben sind: Diagnose, Termine machen, reparieren und Kunden beraten. Der Service ist wichtig! Die Kunden bringen am Morgen ihre Autos und am Abend können sie sie oft schon abholen. Aber: Guter Service ist teuer. Doch es gibt keine Diskussionen mit den Kunden über die Kosten.

4 In der Autowerkstatt. **Was fragen Kunden? Schreiben Sie die Fragen.**

1. Nein, die Reparatur ist nicht teuer, vielleicht 50 Euro.
2. Leider ist der Motor kaputt.
3. Ihr Auto ist am Dienstagabend fertig.
4. Das kostet 220 Euro.
5. Nein, am Samstag geht es nicht.

1. *Ist die Reparatur teuer?*
2. *Was ...*

2 Wörter – Spiele – Training

1 Mit dem Auto ins Büro

a) **Fragen und antworten Sie.**

Ich fahre	mit dem Auto	ins Büro.
	mit dem Bus	zur Schule.
	mit der Straßenbahn	zur Arbeit.
	mit dem Fahrrad	in die Stadt.
	mit dem Zug	zum Einkaufen.
	mit der U-Bahn	zum Sport.
		ins Kino.

Wie kommst du ins Büro?
Ich fahre mit ... ins Büro. Und du?

b) **Berichten Sie im Kurs.**

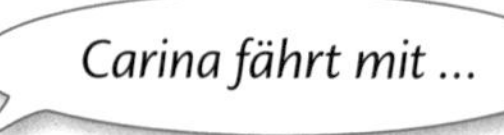

2 Eine Wortschatzübung selbst machen

a) **Schreiben Sie drei Wörterreihen auf ein Blatt, ein Wort passt nicht in die Reihe.**

1. die Tafel – der Computer – das Wörterbuch – die Wohnung
2. fragen – baden – antworten – schreiben
3. hell – alt – zwei – modern

b) **Geben Sie das Blatt Ihrer Nachbarin / Ihrem Nachbarn. Welches Wort passt nicht? Sie/Er streicht durch.**

3 Partnerwörter

a) **Welche Wörter passen zusammen? Ergänzen Sie.**

jung – Nacht – antworten – dunkel – Tastatur – Toilette – Sonntag – lesen – Notizblock – Garage

1. fragen und ....
2. schreiben und ....
3. das Bad und die ....
4. der Samstag und der ....
5. die Maus und die ....
6. der Stift und der ....
7. der Tag und die ....
8. alt und ....
9. hell und ....
10. das Auto und die ....

b) **Nomen und Verben. Ergänzen Sie.**

1. einen Termin ....
2. eine E-Mail ....
3. im Stau ....
4. ins Bett ....
5. an der Universität ....
6. auf dem Land ....
7. in die Oper ....
8. mit dem Bus ....
9. zur Arbeit ....
10. bei Audi ....

4 Systematisch wiederholen – ein Selbsttest. **Wiederholen Sie die Übungen. Was meinen Sie: ☺ oder ☹?**

Ich kann auf Deutsch ...	Einheit	Aufgabe	☺ gut	☹ noch nicht so gut
1. eine Wohnung beschreiben	4	3.5	☐	☐
2. acht Möbel nennen	4	4.1	☐	☐
3. Uhrzeiten sagen	5	2.2	☐	☐
4. meinen Tagesablauf beschreiben	5	2.3	☐	☐
5. einen Termin machen	5	3.6	☐	☐
6. sagen, wo etwas ist	6	3.2	☐	☐

1.60

5 Konsonantentraining. **Hören Sie und sprechen Sie nach.**

1. ***p* und *b***

die Bahn und die Post – Passau und Bremen – Briefe beantworten und Post prüfen – Paris besuchen – den Preis bezahlen – Probleme bearbeiten

halb acht – Gib Peter auch etwas. – gelb – Ich hab' dich lieb.

2. ***d* und *t***

dreihundertdreiunddreißig – Dativ testen – Tee trinken – der Tisch und die Tür – Deutsches Theater – tolle Türkei – Touristen dirigieren – danach telefonieren

3. ***k* und *g***

im Garten Karten spielen – Kalender kontrollieren – kalte Getränke kaufen – Grammatik korrigieren – großer Kurs – kommen und gehen

4. ***[f]* und *[v]***

Wie viel? – Wohin fahren wir? – nach Wien fahren – in Frankfurt wohnen – viel Wein trinken – vier Flaschen Wasser

5. ***[f]*, *[v]* und *[b]***

viele Fernseher funktionieren nicht – wir wollen vier Bier – viele Berliner frühstücken Frankfurter – Freunde in Warschau besuchen – viele Flüge finden

Ein Zungenbrecher:
Wenn Fliegen hinter Fliegen fliegen,
fliegen Fliegen Fliegen nach.

6 Scrabble mit Nomen

a) **Ergänzen Sie Nomen. Tauschen Sie dann Ihr Arbeitsblatt mit der Partnerin / dem Partner und ergänzen Sie die Artikel bei ihren/seinen Nomen.**

```
B
U L
S A M S T A G
  N A
  D U
    S
```

b) **Wählen Sie ein Wort. Die Partnerin / Der Partner ergänzt weitere Nomen.**

3 Filmstation

1 Endlich zu Hause!

6

a) **Welche Zimmer gibt es in der Wohnung? Sehen Sie die Szene und schreiben Sie.**

1. ....
3. ....
5. ....
2. ....
4. ....

b) **Welche Möbel gibt es in der Wohnung? Sehen Sie die Szene noch einmal und schreiben Sie.**

1. *das Arbeitszimmer: der Schreibtisch, …*

3.

2.

4.

c) **Sehen Sie die Szene noch einmal. Welche Komposita finden Sie? Schreiben Sie.**

das Schlafzimmer, die Nachttischlampe, …

2 Termine im Fitness-Studio machen. **Sehen Sie die Szene und ergänzen Sie.**

7

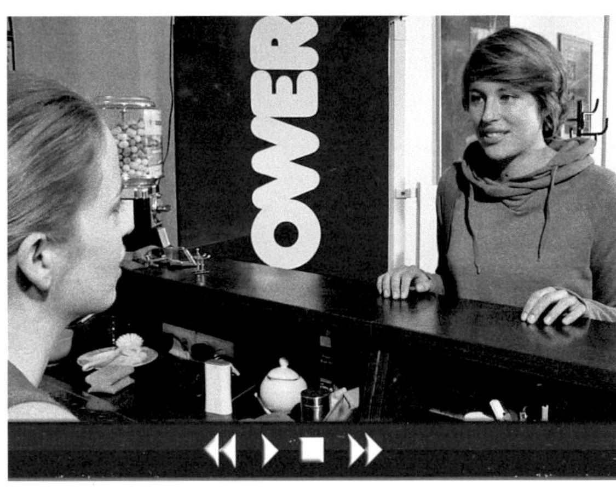

- Hallo, Janine. Eine Frage: Kann ich am .... den neuen Computer-Fitnesstest machen?
- ....? Moment ... Nein, ... geht nicht. .... auch am Mittwoch? Sagen wir ....?
- Ich habe .... einen Termin. Geht das auch ....?
- Ja, ... geht auch. Kein Problem.
- Danke, dann ....

3 Termine im Beruf: eine Gesprächsnotiz schreiben

9

a) **Sehen Sie die Szene und machen Sie Notizen.**

Wer?

Was?

Wann?

Wo?

b) **Vergleichen Sie Ihre Notizen im Kurs.**

c) **Führen Sie den Dialog zu zweit.**

4 Orientierung im Verlag. **Sehen Sie die Szene. Lesen Sie den Text. Was ist hier anders? Schreiben Sie den Text neu.**

10

Aleksandra Kortmann hat einen Termin bei Frau Dr. Garve. Sie geht in den Verlag und fragt am Empfang: „Wo finde ich Frau Dr. Garve?" Die Dame am Empfang telefoniert mit Frau Kraft, der Sekretärin, und sagt dann zu Frau Kortmann: „Das Büro von Frau Dr. Garve ist im vierten Stock links, Nummer 414."

Alexandra Kortmann hat ...

4 Magazin

Ich denke

Ich bleibe in der Früh immer gern
noch ein paar Minuten liegen.
Du nicht?
Dann denke ich ein bisschen nach.
Ich denke:
Ich bin ein Mensch.
Ich bin im Bett,
und das Bett ist im Zimmer,
und das Zimmer ist im Haus,
und das Haus ist am Weg,
und der Weg ist in der Stadt,
und die Stadt ist im Land,
und das Land ist auf der Erde.
Und auf der Erde ist ein anderes Land,
und im anderen Land ist eine andere Stadt,
und in der Stadt ist ein anderer Weg,
und am Weg ist ein anderes Haus,
und im Haus ist ein anderes Zimmer,
und im Zimmer ist ein anderes Bett,
und im anderen Bett
ist auch ein Mensch.

Hans Manz

Wie leben die Deutschen?

An einem Tag ...

arbeiten sie
5 Stunden und 18 Minuten

schlafen und entspannen sie
10 Stunden und 24 Minuten

arbeiten sie
2 Stunden und 13 Minuten
im Haushalt

treffen sie
1 Stunde und 36 Minuten
Freunde

machen sie
29 Minuten
Sport

konsumieren sie
5 Stunden und 18 Minuten
Medien (fernsehen, Radio hören, im Internet surfen, lesen)

spielen sie
14 Minuten
mit den Kindern

gehen sie
15 Minuten
ins Kino, Theater, Konzert, Museum ...

(Quelle: Statistisches Bundesamt, Forum der Bundesstatistik, Bd. 43/2004)

... und Sie?

Grammatik auf einen Blick

Einheiten 1–6

Sätze

1 W-Fragen

2 Satzfragen

3 Aussagesatz

4 Der Satzrahmen

5 Zeitangaben im Satz

6 Adjektive im Satz nach Nomen

7 *Es* im Satz

8 Wörter verbinden Sätze
- 1 Pronomen
- 2 Artikel
- 3 *dort* und *da*
- 4 *das*

Wörter

9 Nomen mit Artikel
- 1 Bestimmter Artikel: *der, das, die*
- 2 Unbestimmter Artikel: *ein, eine*
- 3 Verneinung: *kein, keine*
- 4 Bestimmter, unbestimmter Artikel und Verneinung im Akkusativ
- 5 Possessivartikel im Nominativ

10 Nomen im Plural

11 Wortbildung: Komposita

12 Präpositionen: *am, um, bis, von … bis* + Zeit

13 Präpositionen: *in, neben, unter, auf, vor, hinter, an, zwischen, bei* + Ort (Dativ)

14 Präposition: *mit* + Dativ

15 Fragewörter

16 Verben
- 1 Verben: Stamm und Endungen
- 2 Hilfsverben *sein* und *haben*

17 Verben: Verneinung mit *nicht*

Ausblick auf die Einheiten 7–12 (Teilband A1.2)

Sätze

18 Zeitangaben im Satz

19 Angaben im Satz: *wie oft? – jeden Tag, manchmal, nie*

20 Der Satzrahmen
- 1 Das Perfekt im Satz
- 2 Modalverben im Satz: *wollen, müssen, dürfen, können*

21 *Es* im Satz

22 Wörter verbinden Sätze: *zuerst, dann, danach, und*

Wörter

23 Artikelwörter im Akkusativ: Possessivartikel und *(k)ein-*

24 Fragewort: *welch-*, Demonstrativum: *dies-*

25 Personalpronomen im Akkusativ

26 Wortbildung:
- 1 Nomen + *-in*
- 2 Nomen + *-ung*

27 Adjektive – Komparation: *viel, gut, gern*

28 Adjektive im Akkusativ: unbestimmter Artikel

29 Präpositionen: *in, durch, über* + Akkusativ

30 Präpositionen: *zu, an … vorbei* + Dativ

31 Modalverben: *müssen, wollen, dürfen, können, möchten, mögen*

32 Imperativ

33 Perfekt: regelmäßige und unregelmäßige Verben
- 1 Partizip der regelmäßigen Verben
- 2 Partizip der unregelmäßigen Verben

Sätze

1 W-Fragen

E 3, 5

	Position 2			
Woher	kommen	Sie?	Aus Italien.	
Was	trinken	Sie?	Kaffee, bitte.	Woher kommen Sie?
Wie	heißt	du?	Claudio.	
Wie viel Uhr	ist	es?	Halb zwei.	
Wann	kommst	du?	Um drei.	
Wer	spricht	Russisch?	Ich.	

2 Satzfragen

E 3

	Position 2		
Kommen	Sie	aus Italien?	
Trinken	Sie	Kaffee?	Kommen Sie aus Italien?
Warst	du	schon mal in München?	
Können	Sie	das bitte wiederholen?	

3 Aussagesatz

E 3

	Position 2	
Ich	spreche	Portugiesisch.
Hildesheim	liegt	südlich von Hannover.
Marion	ist	Deutschlehrerin.

4 Der Satzrahmen

E 5

		Position 2		Satzende
Aussagesatz	Ich	rufe	dich am Samstag	an.
	Ich	stehe	am Sonntag um elf	auf.
	Ich	gehe	um zehn	schlafen.
	Ich	kann	auf Deutsch	buchstabieren.
W-Frage	Wann	stehst	du am Sonntag	auf?
	Wann	gehst	du	schlafen?
	Was	möchten	Sie	trinken?
Satzfrage	Rufst	du	mich am Samstag	an?
	Können	Sie	das bitte	buchstabieren?

5 Zeitangaben im Satz

E 5

	Position 2	
Wir	gehen	**am Sonntag** ins Kino. Kommst du mit?
Am Sonntag	kommt	meine Mutter. Das geht nicht.
Gehen	wir	**am Samstag** ins Museum?
Ja, **am Samstag**	geht	es.

6 Adjektive im Satz nach Nomen

E 4

Meine Wohnung ist **klein**.

Ich finde meine Wohnung **schön**.

7 *Es* im Satz

8 Wörter verbinden Sätze

E 2 **1 Pronomen**

Das ist Frau Schiller. **Sie** ist Deutschlehrerin.

2 Artikel

Wo ist mein Deutschbuch? — **Das** ist dort drüben!

Kennst du Frau Schiller? — Ja, **die** kenne ich, sie ist Deutschlehrerin.

dort = Ort

E 3 **3 *dort* und *da***

Warst du schon mal in Meran? — **Dort** spricht man Italienisch und Deutsch.

Gehen wir am Montag ins Kino? — Tut mir leid, **da** kann ich nicht. Zeit

Warst du schon mal in Meran? — Nein, **da** war ich noch nicht. Ort

E 2, 5 **4 *das***

Cola, Wasser, Cappuccino ... **Das** macht 8,90 Euro.

Das ist Sauerkraut. — **Das** verstehe ich nicht. Können Sie **das** wiederholen?

Kommst du am Freitag? — Freitag? Ja, **das** geht.

Wörter

9 Nomen mit Artikel

E2 1 Bestimmter Artikel: *der, das, die*

der Computer
maskulin

das Haus
neutrum

die Tasche
feminin

Au|to, das; -s, -s ⟨griech.⟩ (*kurz*

Pilot(in *f*) *m* **-en, -en** pilot.
Pilot-: **~anlage** *f* pilot plant; **~ballon** *m* pilot balloon; **~film** *m* pilot film; **~projekt** *nt* pilot scheme; **~studie** *f* pilot study.

E2 2 Unbestimmter Artikel: *ein, eine*

ein Computer
maskulin

ein Haus
neutrum

eine Tasche
feminin

E2 3 Verneinung: *kein, keine*

Das ist ein Computer.

Das ist **kein** Computer, das ist ein Monitor.

Singular						Plural	
der	Computer	das	Haus	die	Tasche	die	Computer, Häuser, Taschen
ein	Computer	ein	Haus	eine	Tasche	–	Computer, Häuser, Taschen
kein	Computer	kein	Haus	keine	Tasche	keine	Computer, Häuser, Taschen

E4 4 Bestimmter, unbestimmter Artikel und Verneinung im Akkusativ

	Nominativ		Akkusativ	
	der/(k)ein Flur.		**den** Flur	
Das ist	das/(k)ein Bad.	Ich finde	das Bad	zu klein.
	die/(k)eine Toilette.		die Toilette	
			(k)einen Flur.	
		Ich habe	(k)ein Bad.	
			(k)eine Toilette.	

5 Possessivartikel im Nominativ

Personalpronomen	Singular		Plural
	der Balkon / das Bad	die Wohnung	die Balkone/Bäder/ Wohnungen
ich	mein		meine
du	dein		deine
er/es/sie	sein/sein/ihr		seine/seine/ihre
wir	unser		unsere
ihr	euer		eure
sie/Sie	ihr/Ihr		ihre/Ihre

10 Nomen im Plural

E2

–	-s	-n	-e
der Computer die Computer	das Foto die Foto**s**	die Tafel die Tafel**n**	der Kurs die Kurs**e**
der Lehrer die Lehrer	das Handy die Handy**s**	die Regel die Regel**n**	das Heft die Heft**e**
der Beamer die Beamer	der Kuli die Kuli**s**	die Lampe die Lampe**n**	der Tisch die Tisch**e**

-(n)en	-(ä/ö/ü)-e	-(ä/ö/ü)-er
die Zahl die Zahl**en**	der Stuhl die St**ü**hl**e**	das Haus die H**ä**us**er**
die Lehrerin die Lehrerin**nen**	die Stadt die St**ä**dt**e**	das Buch die B**ü**ch**er**
die Tür die Tür**en**	der Ton die T**ö**n**e**	das Wort die W**ö**rt**er**

Regel Der bestimmte Artikel im Plural ist immer **die**.

Lerntipp
Nomen zusammen mit Pluralformen lernen:
die Tür – die Türen
das Buch – die Bücher

11 Wortbildung: Komposita

E2

	Bestimmungswort ↓ Grundwort ↓	
das Büro	**der** Büro - stuhl	**der** Stuhl
der Flur	**die** Büro - lampe	**die** Lampe
	die Flur - lampe	

Regel Der Artikel von Komposita ist der Artikel des Grundwortes.
Das Grundwort steht am Ende.

12 Präpositionen: *am, um, bis, von ... bis* + Zeit

E5

am	**Am** Montag gehe ich in den Kurs.	Zeitpunkt ↓	**am** + Tag
um	Der Kurs beginnt **um** neun Uhr.		**um** + Uhrzeit
von ... bis bis	Der Kurs dauert **von** 19 **bis** 21 Uhr. **von** Montag **bis** Freitag. **bis** Sonntag.	Zeitraum ←→	

13 Präpositionen: *in, neben, unter, auf, vor, hinter, an, zwischen, bei* + Ort (Dativ)

E6

Wo ist mein Autoschlüssel?
Der Autoschlüssel ...

... hängt an der Wand.

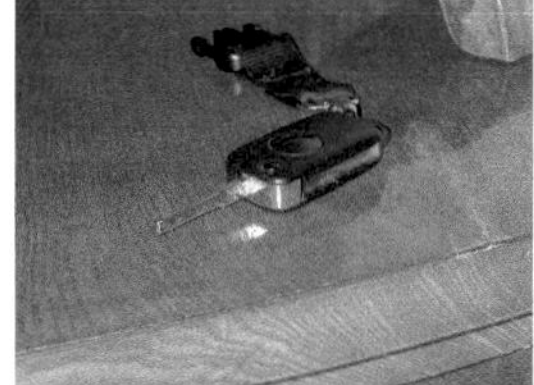
... liegt auf der Kommode.

... liegt unter der Zeitung.

... liegt im Regal neben den Büchern.

		Singular		
		der Schreibtisch	das Regal	die Kommode
Der Schlüssel ist	**in** **neben** **unter** **auf** **vor** **hinter**	**dem** Schreibtisch	**dem** Regal	**der** Kommode.
Der Schlüssel hängt	**an**			**der** Wand.
		Plural		
Der Stuhl steht	**zwischen** **bei**	**den** Schreibtischen / **den** Regalen / **den** Kommoden.		

in dem = **im**
an dem = **am**
bei dem = **beim**

Regel der/das → **dem** die → **der** die (Plural) → **den**

14 Präposition: *mit* + Dativ

E6

der Bus		**mit dem** Bus	
das Auto	Ich fahre	**mit dem** Auto	zur Arbeit.
die Straßenbahn		**mit der** Straßenbahn	

15 Fragewörter

E1, 2, 3, 5

wo?	**Wo** warst du gestern?	In Hamburg.
	Aarau? **Wo** liegt denn das?	In der Schweiz.
woher?	**Woher** kommen Sie?	Aus Polen. / Aus der Türkei.
was?	**Was** heißt das auf Deutsch?	Radiergummi.
	Was möchten Sie trinken?	Kaffee, bitte.
wer?	**Wer** ist denn das?	Das ist John.
wie?	**Wie** heißt du?	Ich heiße Ana.
	Wie viel Uhr ist es?	Es ist halb neun.
wann?	**Wann** kommst du nach Hause?	Um vier.

16 Verben

E1, E2 1 Verben: Stamm und Endungen

	kommen	**wohnen**	**heißen**	**trinken**	**arbeiten**	**schreiben**	**suchen**
ich	komm**e**	wohn**e**	heiß**e**	trink**e**	arbeit**e**	schreib**e**	such**e**
du	komm**st**	wohn**st**	heiß**t**	trink**st**	arbeit**est**	schreib**st**	such**st**
er/es/sie	komm**t**	wohn**t**	heiß**t**	trink**t**	arbeit**et**	schreib**t**	such**t**
wir	komm**en**	wohn**en**	heiß**en**	trink**en**	arbeit**en**	schreib**en**	such**en**
ihr	komm**t**	wohn**t**	heiß**t**	trink**t**	arbeit**et**	schreib**t**	such**t**
sie/Sie	komm**en**	wohn**en**	heiß**en**	trink**en**	arbeit**en**	schreib**en**	such**en**

E3, E5 2 Hilfsverben *sein* und *haben*

		Präsens	Präteritum	Präsens	Präteritum
Singular	ich	bin	war	habe	hatte
	du	bist	warst	hast	hattest
	er/es/sie	ist	war	hat	hatte
Plural	wir	sind	waren	haben	hatten
	ihr	seid	wart	habt	hattet
	sie/Sie	sind	waren	haben	hatten

17 Verben: Verneinung mit *nicht*

E5

Ich	gehe	am Sonntag	**nicht**	ins Theater.
Ich	kann	heute	**nicht**.	
Am Freitag	kann	ich	**nicht**.	
Das	geht		**nicht**.	
Kommst		du	**nicht**	mit?

Liste der unregelmäßigen Verben in A1.1

anfangen	er fängt an
anrufen	er ruft an
anschreiben	er schreibt an
aufstehen	er steht auf
ausgehen	er geht aus
beginnen	er beginnt
bekommen	er bekommt
essen	er isst
fahren	er fährt
finden	er findet
fliegen	er fliegt
geben	er gibt
gehen	er geht
haben	er hat
hängen	es hängt
heißen	er heißt
helfen	er hilft
kommen	er kommt
können	er kann
leidtun	es tut leid
lesen	er liest
liegen	es liegt
mitkommen	er kommt mit
müssen	er muss
nehmen	er nimmt
schlafen	er schläft
schließen	er schließt
schreiben	er schreibt
schwimmen	er schwimmt
sehen	er sieht
sein	er ist
sprechen	er spricht
stattfinden	*es findet statt*
stehen	er steht
treffen	er trifft
trinken	er trinkt
tun	er tut
verstehen	er versteht
wissen	er weiß

Phonetik auf einen Blick

Die deutschen Vokale

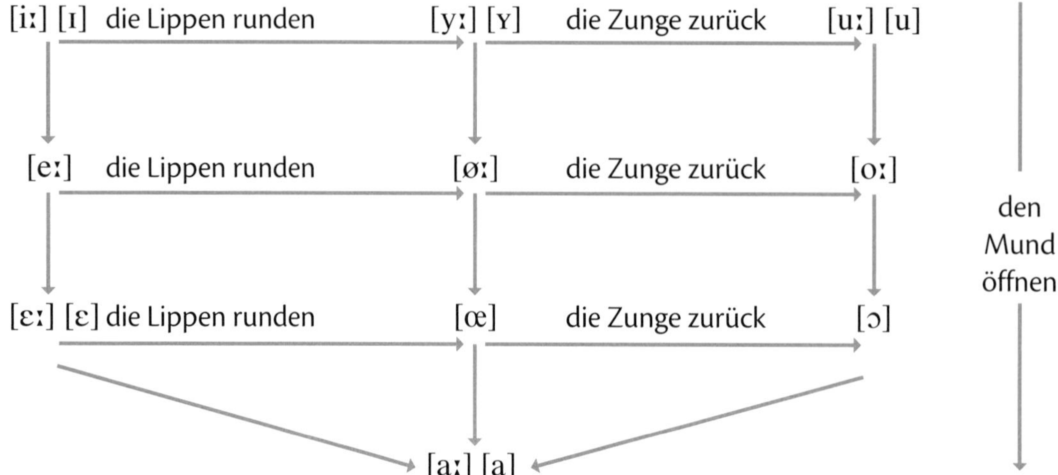

Beispiele für lange und kurze Vokale

[aː – a] gebadet – gemacht; [ɛː – ɛ] geregnet – gezeltet; [iː – ɪ] gespielt – besichtigt

Ich habe eine Radtour gemacht. Du hast dich an der Ostsee erholt. Er hat am Meer gezeltet. Wir haben Ulm besucht. Sie haben Wien besichtigt.

Das lange [eː]

[eː] nehmen, geben, leben, wenig, der Tee, der See

Die Endungen *-e, -en, -el, -er*

Ich habe heute keine Sahnetorte. Am liebsten möchten wir einen Kuchen essen.
Äpfel und Kartoffeln sind Lebensmittel. Eier esse ich lieber, aber Eier sind teuer.

Beispiele für nicht runde und runde Vokale

[iː – yː] vier – für, spielen – spülen, das Tier – die Tür, Kiel – kühl

[ɪ – ʏ] die Kiste – die Küste, das Kissen – küssen, die Brillen – brüllen

[eː – øː] lesen – lösen, der Besen – die Bösen, die Meere – die Möhre

[ɛ – œ] kennen – können, der Wärter – die Wörter

Beispiele für Umlaut oder nicht Umlaut

[yː – uː] die Brüder – der Bruder, spülen – spulen

[ʏ – ʊ] drücken – drucken, nützen – nutzen

[øː – oː] schön – schon, die Größe – große, die Höhe – hohe

Drei lange Vokale nebeneinander

[iː – yː – uː] die Ziege – die Züge – im Zuge, das Tier – die Tür – die Tour, vier – für – ich fuhr, spielen – spülen – spulen

Schreibung und Aussprache [p, b, t, d, k, g]

[p] kann man schreiben: *p* wie in *das* ***P****apier*
pp wie in *die Su****pp****e*
b am Wort- oder Silbenende wie in *hal****b*** *vier*

[b] kann man schreiben: *b* wie in *ein* ***b****isschen*

[t] kann man schreiben: *t* wie in *die* ***T****asse*
tt wie in *das Be****tt***
th wie in *das* ***Th****eater*
dt wie in *die Sta****dt***
d am Wort- oder Silbenende wie in *das Gel****d***

[d] kann man schreiben: *d* wie in *das* ***D****atum*

[k] kann man schreiben: *k* wie in ***k****önnen*
ck wie in *der Zu****ck****er*
g am Wort- oder Silbenende wie in *der Ta****g***

[g] kann man schreiben: *g* wie in ***g****ern*

Schreibung und Aussprache [f] und [v]

[f] kann man schreiben: *f* wie in ***f****ahren*
ff wie in *der Lö****ff****el*
v wie in *der* ***V****ater*
ph wie in *die* ***Ph****onetik*

[v] kann man schreiben: *w* wie in ***w****er*
v wie in *die Uni****v****ersität*

Schreibung und Aussprache der Nasale [n, ŋ]

[n] kann man schreiben: *n* wie in ***n****ei****n***
nn wie in *kö****nn****en*

[ŋ] kann man schreiben: *ng* wie in *der Ju****ng****e*
n(k) wie in *die Ba****n****k*

Aussprache des Konsonanten *r*

[r] muss man sprechen: [r] wie in ***r****ichtig* für *r* am Silbenanfang
[ɐ̯] wie in *der Be****r****g* für *r* am Silbenende (+ Konsonant/en)
[ɐ] wie in *bess****er*** für *-er* am Silbenende

Buchstaben und Laute

a, aa, ah a	[aː] [a]	Abend, Paar, fahren wann, Bank
ä, äh ä	[ɛː] [ɛ]	spät, er fährt Städte
ai	[ai]	Mai
au	[au]	Haus
äu	[ɔy]	Häuser
b, bb -b	[b] [p]	baden, Hobby lieb
ch chs	[ç] [x] [ks]	ich Buch sechs
d -d, -dt	[d] [t]	deutsch, Ende Land, Stadt
e, ee, eh e -e	[eː] [ɛ] [ə]	leben, Tee, sehr gern danke, leben
ei	[ai]	kein
eu	[ɔy]	heute
f, ff	[f]	fahren, treffen
g, gg -g -ig	[g] [k] [iç]	Garten Tag
h -h	[h] –	heute sehen
i, ie, ieh i	[iː] [ɪ]	Kino Kind
j	[j]	ja
k, ck	[k]	Kakao, Glück
l, ll	[l]	lesen, bestellen
m, mm	[m]	Name, kommen
n, nn ng nk	[n] [ŋ] [ŋk]	neu, können Wohnung Bank

o, oo, oh o	[oː] [ɔ]	schon, Zoo, ohne Sọnntag
ö, öh ö	[ø] [œ]	schön, Söhne mọ̈chte
p, pp ph	[p] [f]	Pause, Tịpp Alphabet
qu	[kv]	Quadratmeter
r, rr, rh -er	[r] [ɐ]	Radio, Gitạrre, Rhỵtmus ạber
s s, ss, ß	[z] [s]	sehr wạs, ẹssen, Spaß
sch sp- st-	[ʃ] [ʃp] [ʃt]	Schrạnk spät Stuhl
t, tt, th -tion	[t] [t͡sioːn]	Tịsch, Bẹtt, Theater Information
u, uh u	[uː] [ʊ]	gut, Uhr Bụs
ü, üh ü	[yː] [y]	Süden, berühmt Glụ̈ck
v v -v	[f] [v] [f]	viel Vase attraktiv
w	[v]	Wạnd
x	[ks]	existieren
y y -y	[yː] [y] [i]	typisch Rhỵtmus Hạndy
z, tz	[t͡s]	Zahl, Plạtz

Hörtexte

Hier finden Sie alle Hörtexte, die nicht oder nicht komplett in den Einheiten und Übungen abgedruckt sind.

Start auf Deutsch

1 1

\+ Entschuldigung, wo ist der Alexanderplatz?
– Das ist einfach. Gehen Sie hier nur geradeaus die Straße Unter den Linden entlang. Dann kommen Sie zum Alex.

Firma Intershop, guten Morgen, Claudia Meinert am Apparat.

\+ Was darf´s sein?
– Eine Pizza Margherita, bitte.

Liebe Kundinnen und Kunden, heute im Angebot: Pizza Ristorante, verschiedene Sorten, 1,99 Euro pro Packung, Persil-Waschmittel 1 kg-Packung nur 12,75 Euro, Crème fraîche ...

Herr Weimann bitte zum Lufthansa-Schalter. Es liegt eine Information für Sie vor. Mr. Weimann please contact the Lufthansa Counter, there´s a message for you.

Lufthansa Flug LH 349 nach Zürich, wir bitten die Passagiere zum Ausgang. Lufthansa flight LH 349 to Zurich now ready for boarding.

1 3

Sprecher 1 kommt aus Frankreich.
Sprecherin 2 kommt aus Tschechien.
Sprecher 3 kommt aus Deutschland.
Sprecherin 4 kommt aus Syrien.

3 2

1. Graz – 2. Hamburg – 3. Bern – 4. Berlin – 5. Frankfurt – 6. Wien – 7. Genf – 8. Lugano

3 4

1. \+ Goethe-Institut München. Grüß Gott.
   – Guten Tag. Kann ich bitte Herrn Benz sprechen?
   \+ Bitte wen? Krenz?
   – Nein, Herrn Benz, B-E-N-Z.
2. \+ Heier.
   – Guten Morgen, ist dort die Firma Mayer mit A-Y?
   \+ Nein, hier ist Heier. H-E-I-E-R.
   – Oh, Entschuldigung ...
3. \+ Hotel Astron, Guten Morgen.
   – Guten Tag. Hier ist Sundaram. Ich möchte ein Zimmer reservieren.
   \+ Entschuldigung. Wie heißen Sie? Buchstabieren Sie bitte.
   – S-U-N-D-A-R-A-M.

1 Kaffee oder Tee?

2 2

a) + Hallo, Katja. Ist hier noch frei?
– Hallo, Martin. Ja klar.
\+ Was trinkst du? Mineralwasser?
– Nein, lieber Orangensaft.
\+ Zwei Orangensaft, bitte.

b) + Grüß dich, Anna. Das ist Amir.
– Tag, Sabira. Hallo, Amir. Woher kommst du?
* Aus Libyen. Und du?
\+ Aus Serbien. Was trinkt ihr? Kaffee?
– Ja, Kaffee ...
* ... mit viel Milch, bitte.

2 5

c) + Kommst du jetzt?
– Ja, ich komme.

\+ Wo wohnst du?
– Ich wohne in Berlin.

\+ Wo wohnt ihr?
– Wir wohnen in Hamburg.

\+ Wo wohnt er?
– Pedro? Er wohnt in München.

\+ Frau Bergmann, wo wohnen Sie?
– Ich wohne in Potsdam.

3 6

vier – siebzehn – neunundzwanzig – zweiunddreißig – dreiunddreißig – fünfundvierzig, Zusatzzahl: neun

3 7

23 – 1 – 49 – 33 – 43 – 50 – 45 – 25 – 31 – 12 – 37 – 11 – 3 – 4 – 44 – 29 – 30 – 13 – 2 – 38 – 39 – 40 – 20 – 19 – 9 – 18 – 26 – 42 – 28 – 46 – 8 – 47 – 35 – 41 – 7 – 36 – 17 – 5 – 27 – 15 – 21 – 48 – 32 – 16 – 6 – 22 – 14 – 24 – 10 – 34

4 1

1. \+ Ich habe jetzt ein Handy.
   – Aha, wie ist die Nummer?
   \+ 0171 235 53 17.
2. \+ Becker.
   – Becker? Ich habe die 73 49 87 55 gewählt!
   \+ Ich habe die 73 49 87 52.
   – Oh, Entschuldigung.
3. \+ Wie ist Ihre Telefonnummer?
   – Das ist die 0341-804 33 08.
   \+ Ich wiederhole: 0341-804 33 08.
   – Ja, richtig.
4. \+ Telekom Auskunft, Platz 23.
   – Hallo, ich hätte gern die Nummer von Wilfried Otto in Königshofen.
   \+ Das ist die 03423-23 26 88. Ich wiederhole: 03423-23 26 88.
   – Danke.

4 3

1. \+ Zahlen, bitte!
   – Drei Eistee. Das macht zusammen 7 Euro 20.
   \+ Und getrennt?
   – 2 Euro 40, bitte.
2. \+ Ich möchte zahlen, bitte!
   – 2 Euro 60.
   \+ 2 Euro 60, hier bitte.
   – Danke, auf Wiedersehen!

3. + Ich möchte bitte zahlen!
   – Eine Cola und zwei Wasser, zusammen oder getrennt?
   + Zusammen, bitte.
   – Also, eine Cola, das sind 2 Euro 20 und zwei Wasser à 2 Euro 10. Das macht zusammen ... Moment ... 6 Euro 40, bitte.
   + Hier, bitte, stimmt so. Tschüss.
   – Danke, auf Wiedersehen!

Ü 5

+ Cola mit Eis?
– Ja, viel Eis, bitte.

* Tee oder Kaffee?
– Lieber Tee, mit viel Zucker, bitte.

Kaffee mit Milch und Zucker?
– Nein, ohne Milch und ohne Zucker, bitte.

Ü 6

b) + Entschuldigung, ist hier noch frei?
– Ja klar, bitte.
+ Danke. Ich heiße Mateusz und das ist Polina.
– Hallo, ich bin ... Woher kommt ihr?
+ Wir kommen aus Polen. Und du? Woher kommst du?
– Ich komme aus ...
+ Was möchtest du trinken? Tee oder lieber Kaffee?
– Tee mit Zucker.
+ Gut, dann drei Tee mit Zucker, bitte.

Ü 8

1. + Hallo, Diana! Was möchtest du trinken?
   – Guten Tag, Paul. Ich nehme Fanta mit wenig Eis.
2. + Guten Tag, was trinken Sie?
   – Ich nehme Kaffee mit viel Milch und ohne Zucker.
3. + Entschuldigung, trinken Sie Wasser oder lieber Orangensaft?
   – Orangensaft ... oder nein, lieber Cola.
4. + Trinkst du Weißwein?
   – Nein, ich nehme lieber Rotwein.

Ü 11

So, da haben wir Tisch 3 ... das war ein Wasser, das ist 209 und einmal Apfelschorle ... Nr. 220. Dann Tisch 88: das waren die 208, 214 und 217 und Tisch 34 ... einmal Sprite ... ähm ... Nr. 211.

Ü 12

1. Liebe Fahrgäste, am Gleis 3 wartet der ICE 3043 nach München, planmäßige Abfahrt ...
2. Vorsicht am Gleis 9! Es fährt ein: der EC 1509 von Erfurt nach Jena Paradies.
3. Der ICE 8878 nach Düsseldorf fährt heute vom Gleis 9 ab.

Ü 13

1. + Julian, wie ist deine Telefonnummer?
   – Meine Telefonnummer ist 0172 43 74 333.
2. + Wie ist die Telefonnummer von Michaela?
   – Die Telefonnummer von Michaela? Das ist die 4569872.
3. + Sabine, hast du ein Handy?
   – Ja.
   + Und wie ist deine Nummer?
   – 0179 126 186 9.
4. + Wie ist die Handynummer von Jarek?
   – Moment ... das ist die 0176 22 11 334.

Ü 14

1. + Empfang, Stein am Apparat.
   – Hallo, Paech hier. Wie ist die Telefonnummer von Frau Mazanke, Marketingabteilung?
   + Einen Moment, 68 35 und die Durchwahl ist 48 17.
   – Danke schön.
2. + Hallo, ich brauche die Telefonnummer von Herrn Feldmeier in München.
   – Ja ... die Vorwahl ist 089 und dann die 448 093 87.
3. + Stein, Empfang.
   – Guten Morgen, Frau Stein. Wie ist die Telefonnummer von Frau Rosenberg in Dresden?
   + Frau Rosenberg, Serviceteam?
   – Ja.
   + Das ist die 264 651 und die 0351 für Dresden.

Ü 16

+ Ja, bitte?
– Ich möchte zahlen, bitte.
+ Zusammen oder getrennt?
– Zusammen, bitte.
+ Kaffee – 1,20 Euro und Milchshake – 1,80 Euro ... Das macht 3 Euro, bitte.
– Hier, bitte.
+ Danke, auf Wiedersehen!

Ü 17

1. + Entschuldigung, ist hier noch frei?
   – Ja, bitte. Mein Name ist Angelina. Bist du auch im Sprachkurs A1?
   + Ja. Ich heiße Paul. Ich komme aus Frankreich. Woher kommst du?
   – Ich komme aus Italien.
2. + Was möchten Sie trinken?
   – Tee, bitte.
   + Mit Zucker und Milch?
   – Mit Milch, bitte.
3. + Wir möchten zahlen, bitte!
   – Getrennt oder zusammen?
   + Zusammen, bitte.
   – Das macht dann 5,30 Euro.
   + Bitte!
   – Danke und auf Wiedersehen!
   + Tschüss!

2 Sprache im Kurs

1 1

Können Sie das bitte buchstabieren?
Entschuldigung, kannst du das bitte wiederholen?
Kannst du das bitte schreiben?
Wie heißt das auf Deutsch?

1 4

1. der Tisch – 2. das Buch – 3. die Tasche – 4. die Brille – 5. der Radiergummi – 6. das Heft – 7. der Kuli – 8. der Becher

2 5

b) 1. die Brüder – 2. zählen – 3. das Buch – 4. die Türen – 5. das Wort – 6. der Stuhl – 7. die Töne – 8. das Haus

3 2

\+ Was ist denn das?
– Das? Rate mal!
\+ Ein Mann?
– Nein, falsch. Guck mal jetzt!
\+ Eine Frau?
– Ja ...
\+ Eine Lehrerin?
– Ja, richtig! Und was ist das?
\+ Ah, eine Lehrerin und ein Buch. Hey, das ist ja Frau Neumann, die Deutschlehrerin!

Ü 1

a) + Entschuldigung. Wie heißt das auf Deutsch?
– Der Radiergummi.
\+ Das verstehe ich nicht. Können Sie das bitte wiederholen?
– Der Radiergummi.
\+ Können Sie das bitte anschreiben?
– Ja, klar. Der Radiergummi.

Ü 5

b) 1. der Mann und die Frau – 2. essen und trinken – 3. lesen und schreiben – 4. ja oder nein – 5. Kaffee oder Tee – 6. der Tisch und der Stuhl – 7. das Papier und der Stift – 8. hören und sprechen – 9. fragen und antworten – 10. der Bleistift und der Radiergummi

Ü 7

\+ Ja, bitte?
– Entschuldigung, wie heißt das auf Deutsch?
\+ Das ist eine Zimmerpflanze.
– Ich verstehe das nicht. Können Sie das bitte wiederholen?
\+ Ja, gerne. Das ist eine Zimmerpflanze.
– Ah. Können Sie das bitte buchstabieren?
\+ Die Z-I-M-M-E-R-P-F-L-A-N-Z-E.

Ü 10

Liebe Eltern, die Kinder brauchen für das neue Schuljahr wieder neue Sachen. Hier ist die Liste: 4 Hefte, 1 Füller, 3 Stifte, 2 Kulis, 1 Englisch-Wörterbuch und 1 Radiergummi. So, unser weiteres Thema ist ...

Ü 11

1. hören – 2. begrüßen – 3. üben – 4. zählen – 5. können – 6. Österreich – 7. möchten – 8. fünf

Ü 16

b) Ich bin Maria Gonzales. Ich komme aus Mexiko und lebe in Mexiko-Stadt. Ich bin 19. Ich bin verheiratet mit José Gonzales. Wir haben keine Kinder. Ich spreche Spanisch, Englisch und Französisch. Ich lerne Deutsch im Goethe-Institut in Mexiko-Stadt. Deutschland ist für mich Technik und Fußball!

Ü 18

a) Ich heiße Tran und komme aus Vietnam. Ich bin verheiratet mit Viet. Wir leben seit 2010 in Weimar und haben ein Kind, es heißt Viet Duc. Ich spiele gern Gitarre.
b) Mein Name ist Jakub Podolski. Ich bin Student. Ich lebe in Warschau und studiere Medizin. Ich bin 23 Jahre alt und möchte in Deutschland arbeiten. Mein Hobby ist Sport.
c) Ich bin Amita und ich lebe in Mumbai. Ich arbeite bei Daimler Benz. Ich lerne Deutsch am Goethe-Institut. Ich bin verheiratet und habe ein Kind. Ich liebe Bücher.

3 Städte – Länder – Sprachen

1 3

1. + Was ist das?
   – Das ist der Prater.
   \+ Und wo ist das?
   – In Wien.
   \+ Aha, und in welchem Land ist das?
   – Wien ist in Österreich.
2. + Und was ist das?
   – Das ist die Akropolis.
   \+ Wo ist denn das?
   – In Athen.
   \+ Ach so, und in welchem Land ist das?
   – Athen ist in Griechenland.

5 1

\+ Hallo, wir sind Campus Radio. Wir interviewen internationale Studenten. Wie heißt ihr? Woher kommt ihr?
– Ciao, ich bin Laura. Ich komme aus Pisa und studiere in Bologna.
Und ich bin Piet. Ich bin aus Brüssel.
\+ Welche Sprachen sprecht ihr?
– Ich spreche Italienisch – und oft Englisch und Deutsch im Studium, natürlich.
Ich spreche Niederländisch. Das ist meine Muttersprache. Und Französisch. Im Studium brauche ich Deutsch und oft Englisch.
\+ Und was studiert ihr?
# Ich studiere Chemie.
– Deutsch als Fremdsprache. Ich bin im Masterstudiengang.

Ü 3

1. – Ich heiße Frank und komme aus Interlaken.
   \+ Wo ist denn das?
   – Das ist in der Schweiz.
2. – Ich bin Mike aus San Diego.
   \+ Wo ist denn das?
   – Das ist in den USA.
3. – Mein Name ist Nilgün und ich komme aus Izmir.
   \+ Wo ist denn das?
   – Das ist in der Türkei.
4. – Ich heiße Stefanie, ich komme aus Koblenz.
   \+ Wo ist denn das?
   – Das ist in Deutschland.
5. – Mein Name ist Světlana. Ich komme aus Prag.
   \+ Wo ist denn das?
   – Das ist in Tschechien.

Ü 9

1. + Herr Onischtschenko, woher kommen Sie?
   – Ich komme aus Moldawien. Waren Sie schon mal in Moldawien?
   \+ Nein, wo liegt denn das?
   – Das liegt östlich von Rumänien.

2. + Und aus welcher Stadt kommen Sie?
   – Aus Cahul.
   + Wo ist das?
   – Cahul liegt südwestlich von Kischinau. Kischinau ist die Hauptstadt von Moldawien.
3. – Jetzt wohne ich aber in Duisburg.
   + Ah, Duisburg. Ich war schon mal in Duisburg. Das liegt nördlich von Köln.
   – Ja, genau.
4. – Und wo wohnen Sie?
   + Ich wohne in Lüdenscheid.
   – Wo liegt denn das?
   + Lüdenscheid liegt nordöstlich von Köln.

Ü 16

Mein Name ist Anke Baier. Ich bin verheiratet und habe einen Sohn. Ich komme aus München, aber meine Familie und ich leben im Westen von Österreich – in Innsbruck. Das liegt in Tirol. Dort spricht man Deutsch. Ich spreche Deutsch, Italienisch und Englisch.

Ü 20

b) + Woher kommen Sie?
– Ich komme aus ...
+ Aha. Und welche Sprachen spricht man dort?
– Bei uns spricht man ...
+ Welche Sprachen sprechen Sie?
– Ich spreche ... Und Sie?
+ Ich spreche Deutsch, Englisch und ein bisschen Spanisch.

Station 1

3 4

Hier ist der Deutschlandfunk. An unserem Hörspielabend hören Sie „Schöne Grüße", ein Hörbeispiel aus Dänemark. Es folgt um 21 Uhr das „Küchenduell", eine französische Dokumentation und danach das „Stadtgespräch" aus Wien, eine österreichische Talkshow. Um 23 Uhr folgt „Das schöne Mädchen", ein tschechisches Märchen. Gute Unterhaltung!

4 Menschen und Häuser

1 2

a) + Hallo, Uli, wie geht's?
– Danke gut, Lars. Du, wir haben eine neue Adresse. David, Lena und ich wohnen jetzt in einer Altbauwohnung, in der Goethestraße 117 in Kassel.
+ Moment, ich schreibe die Adresse auf. Sag nochmal.
– Goethestraße Nummer 117 in 34119 Kassel.

Ü 2

a)
1. + Herr Gülmaz, wie ist Ihre Adresse?
   – Meine Adresse? Wiesenstraße 65, 13357 Berlin.
2. + Und Ihre Adresse, Frau Schmidt?
   – Meine Adresse ist: An der Universität 19, 07743 Jena.
3. + Herr Heller, wie ist Ihre Adresse?
   – Das ist die Hauptstraße 98, 51817 München.

Ü 5

+ Guten Tag, Frau Wenke. Hier ist vielleicht Ihre Traumwohnung.
– Hallo, Herr Meier, na ja, mal sehen.
+ Die Wohnung hat drei Zimmer.
– Hat die Wohnung auch einen Garten?
+ Nein, sie hat keinen Garten. Aber es gibt einen Balkon. Hier!
– Schön, aber der Balkon ist sehr klein. Was kostet die Wohnung?
+ Sie kostet nur 550 Euro. Das ist sehr billig.
– Gut, dann nehme ich sie.

Ü 10

+ Hallo, ich zeige dir unsere Wohnung! Hier ist die Küche.
– Habt ihr ein Esszimmer?
+ Nein, unsere Wohnung hat kein Esszimmer. Aber hier rechts ist das Wohnzimmer. Es ist groß und sonnig.
– Hat die Wohnung auch einen Balkon?
+ Ja, sie hat einen Balkon, am Arbeitszimmer. Ich finde den Balkon schön, aber zu klein.
– Wo ist denn euer Arbeitszimmer?
+ Hier gleich neben dem Bad.
– Ist eure Wohnung teuer?
+ Nein, die Wohnung kostet 700 Euro warm. Das ist billig.

Ü 15

der Tisch und der Stuhl
der Schreibtisch und das Bücherregal
das Bett und der Schrank
die Küche und der Flur
das Bad und die Toilette

5 Termine

1 1

1. Es ist sechs Uhr. Die Nachrichten ...
2. 19 Uhr: Die Nachrichten des Tages, heute mit Petra Meier.
3. Liebe Fahrgäste auf Gleis 2: Der IC 1893 nach Frankfurt am Main, planmäßige Ankunft 16.05 Uhr hat 95 Minuten Verspätung.
4. Guten Tag, ich habe um 14 Uhr einen Termin bei Frau Dr. Vocks.

2 1

Am Montag?
Ja, am Montag.
Am Dienstag um 10 Uhr?
Nein, lieber am Mittwoch um 10?
Am Donnerstag oder am Freitag?
Lieber am Samstag?
Und am Sonntag?
Am Samstag?
Ja, gern.

4 **5**

a) + Haben Sie einen Termin frei?
– Geht es am Freitag, um 9.30 Uhr?
+ Ja, das geht.

+ Gehen wir am Freitag ins Kino?
– Am Freitagabend kann ich leider nicht, aber am Samstag.

+ Können Sie am Freitag um halb zehn?
– Ja das ist gut.

+ Treffen wir uns am Montag um acht?
– Um acht geht es leider nicht, aber um neun.

Ü **2**

b) + Ackermann.
– Hallo, Herr Ackermann, Binek hier. Ich habe die Termine für nächste Woche.
+ Schön.
– Also, am Montag um acht Uhr haben Sie den Termin beim Zahnarzt. Und am Mittwoch um 11 ist das Treffen mit Frau Rein.
+ Am Mittwoch ... um 11 Uhr ... Frau Rein. O.k., ist das alles?
– Nein, am Dienstag und Donnerstag essen Sie um 13 Uhr mit Herrn Meier.
+ Hm, Dienstag und Donnerstag um ...?
– Um 13 Uhr. Das ist alles.
+ Gut und vielen Dank!
– Gern, auf Wiederhören.

Ü **3**

c) 1. + Laura, wie spät ist es?
– Einen Moment ... es ist zwanzig nach vier.
2. Kulturradio Berlin und Brandenburg, es ist 14.30 Uhr, die Nachrichten: In Frankreich ...
3. Schön, Frau Rosemüller, dann notiere ich den Termin: halb elf am Donnerstag.
5. + Leo, aufstehen, es ist schon zehn vor sieben!
– Hmmm ... noch fünf Minuten ...
+ Aufstehen!
6. Achtung auf Gleis drei! Der Intercity Express 13 46 von Hamburg nach München, planmäßige Abfahrt 13.46 Uhr, fährt ein.

Ü **10**

– Praxis Dr. Brummer, guten Tag.
+ Guten Tag. Mein Name ist ... Ich hätte gern einen Termin.
– Waren Sie schon einmal hier?
+ Nein.
– Hm, nächste Woche am Mittwoch um 8 Uhr?
+ Um acht kann ich leider nicht. Geht es auch um 14 Uhr?
– Ja, das geht auch. Also, am Mittwoch um 14 Uhr.
+ Danke und auf Wiederhören!
– Auf Wiederhören!

Ü **15**

+ Wann stehst du morgen auf?
– Ich stehe um sieben Uhr auf.
+ Wann fängst du morgen im Büro an?
– Ich fange zwischen acht und neun Uhr an.
+ Wann gehst du morgen aus?
– Ich gehe um neun aus.

6 Orientierung

1 **3**

Ich bin Birgit Schäfer und wohne in Schkeuditz. Das ist westlich von Leipzig. Ich arbeite bei ALDI am Leipziger Hauptbahnhof. Ich fahre eine halbe Stunde mit dem Zug.

Ich heiße Lina Salewski und bin Bibliothekarin. Ich arbeite in der Universitätsbibliothek „Albertina" in der Beethovenstraße. Mein Büro ist in der vierten Etage. Ich wohne in Gohlis und fahre eine Viertelstunde mit dem Fahrrad zur Arbeit. Das sind fünf Kilometer.

Ich bin Marco Sommer und wohne in Markkleeberg, im Süden von Leipzig. Ich arbeite bei der Deutschen Bank am Martin-Luther-Ring. Ich fahre jeden Tag 20 Minuten mit der Straßenbahn zur Arbeit.

Ich heiße Alexander Novak und wohne in der Südvorstadt. Ich arbeite bei Porsche. Ich brauche im Stadtverkehr 30 Minuten mit dem Auto. Aber es ist oft Stau.

4 **1**

b) + Hallo, Herr Sommer, hier Peter Rosner.
– Guten Tag, Herr Rosner.
+ Können wir uns nächste Woche noch zu einer Beratung treffen?
– Ja, sicher. Wann geht es bei Ihnen?
+ Gleich am Montag, den 22.10. um 9 Uhr?
– Das tut mir leid, da habe ich schon einen Termin. Aber am Dienstag, 23.10. um 9 Uhr geht es bei mir.
+ Prima, das geht bei mir auch.
– Okay, dann bis zum 23.10. 9 Uhr.
+ Ja, danke! Bis nächste Woche!

c) + Praxis Dr. Otto, guten Tag.
– Guten Tag, hier Marco Sommer. Ich habe nächste Woche Donnerstag, den 25.10. einen Termin um 15 Uhr und muss ihn leider verschieben.
+ Ja, gut. Dann schauen wir mal. Können Sie am Dienstag, 23.10. gleich morgens um 9 Uhr?
– Nein, da habe ich schon einen Termin.
+ Und am Freitagnachmittag, 26.10. um 16 Uhr?
– Ja, das passt.
+ Gut, dann notiere ich: Freitag, 26.10. um 16 Uhr.
– Prima, vielen Dank. Auf Wiederhören!
+ Auf Wiederhören!

Ü **1**

a) U7 Richtung Rathaus Spandau. Zurückbleiben, bitte.

Ü **2**

1. Ich arbeite an der Universität in Münster. Münster ist klein. Ich stehe um 8.30 Uhr auf. Ich fahre 15 Minuten mit dem Fahrrad zur Arbeit.
2. Ich arbeite am Max-Planck-Institut in Jena und wohne in Weimar. Ich stehe um 8 Uhr auf. Ich fahre eine Viertelstunde mit dem Zug und 10 Minuten mit dem Bus zum Institut am Beutenberg.
3. Ich lebe in Hamburg und arbeite am Hamburger Hafen. Ich stehe jeden Morgen um 4 Uhr auf und fahre 35 Minuten mit dem Auto zur Arbeit.
4. Ich arbeite in Berlin und lebe in Potsdam. Von Montag bis Freitag stehe ich um 6.15 Uhr auf. Potsdam ist südwestlich von Berlin. Ich fahre 40 Minuten mit der S-Bahn bis zum Hauptbahnhof und fünf Minuten mit dem Bus bis zur Arbeit.

Ü 5

a) + Entschuldigung, wo finde ich die Caféteria?
- Die Caféteria ist ganz oben, in der 4. Etage.
Guten Tag, ich suche die Garderobe.
- Die Garderobe ist gleich hier hinten.
* In welcher Etage finde ich die Verwaltung?
- Die Verwaltung ist in der 3. Etage.
§ Ich suche den Lesesaal.
- Den Lesesaal finden Sie in der 1. Etage.
% Wo sind bitte die Zeitungen?
- Die Abteilung mit den Zeitungen finden Sie in der 2. Etage.
& Hallo, wo finde ich die Toiletten?
- Gleich hier im Erdgeschoss unten rechts.

Ü 7

+ Guten Tag, kann ich Ihnen helfen?
- Entschuldigung, wo ist denn bitte die Caféteria?
+ Die Caféteria ist im Erdgeschoss.
- In welcher Etage sind die Lesesäle?
+ Die Lesesäle sind in der 1. Etage.
- Und die Gruppenarbeitsräume? Wo finde ich die Gruppenarbeitsräume?
+ Die Gruppenarbeitsräume sind in der 2. Etage.
- Und ... Entschuldigung, wo sind die Toiletten bitte?
+ Die Toiletten sind gleich hier rechts.
- Vielen Dank!

Ü 11

1. + Praxis Dr. Glas, Seidel am Apparat.
- Martens, guten Morgen. Ich hätte gern einen Termin.
+ Wann geht es denn?
- Am Donnerstag um 8 Uhr?
+ Hm, da geht es leider nicht. Geht es am Mittwoch um 9.30 Uhr?
- Nein, da kann ich nicht. Da muss ich arbeiten.
+ Hm, Moment, am Dienstag um 11 Uhr?
- Ja, das ist okay.

2. + Praxis Dr. Glas, Seidel, guten Tag.
- Hier ist Finster. Ich habe heute um 10.45 Uhr einen Termin, aber ich stehe leider im Stau. Ich bin erst um 11.15 Uhr in Frankfurt. Kann ich da noch kommen?
- Ja, das geht.

3. + Praxis Dr. Glas, Seidel am Apparat.
- Weimann, guten Morgen. Ich hätte gern heute einen Termin.
+ Guten Morgen, Frau Weimann. Heute um Viertel nach zehn geht es.
- Schön, vielen Dank.

Ü 13

1. Queen Elisabeth ist am 21. Vierten 1926 geboren.
2. George Clooney ist am 6. Fünften 1961 geboren.
3. Heidi Klum ist am 1. Sechsten 1973 geboren.
4. Vitali Klitschko ist am 19. Siebten 1971 geboren.

Fit für Einheit 7?
Mit Sprache handeln

+ Wann rufst du deine Mutter an?
- Ich rufe sie zwischen 10 und 12 Uhr an.

Alphabetische Wörterliste

Die alphabetische Wörterliste enthält den Lernwortschatz der Einheiten. Zahlen, grammatische Begriffe sowie Namen der Personen, Städte und Länder sind in der Liste nicht enthalten.

Wörter, die nicht zum Zertifikatswortschatz gehören, sind kursiv ausgezeichnet.

Die Zahlen bei den Wörtern geben an, wo Sie die Wörter in den Einheiten finden (z. B. 5/3.4 bedeutet Einheit 5, Block 3, Aufgabe 4).

Die Punkte (.) und die Striche (–) unter den Wörtern zeigen den Wortakzent:
ạ = kurzer Vokal
a̲ = langer Vokal

A

	ab	5/3.4
der	**Abend**, die Abende	5/3.1
das	**Abendessen**, die Abendessen	5/2.2a
	aber	4/1.1
die	**Adresse**, die Adressen	4/1.2
	alkoholfrei	1/4.3
	alle	1/4.5
	allein	2/4.1
	also	5/3.2b
	alt	4/1.3
der	***Altbau**, die Altbauten*	4/0
die	***Altbauwohnung**, die Altbauwohnungen*	4/1
	an	2/4.1
	anfangen, er fängt an, er hat angefangen	5/3.6a
der	**Anruf**, die Anrufe	5/3.3a
	anrufen, er ruft an, er hat angerufen	5/4.3
	***anschreiben**, er schreibt an, er hat angeschrieben*	2/1.2
	antworten, er antwortet, er hat geantwortet	3/1.5
der	**Apfelsaft**, die Apfelsäfte	1/0
die	**Apfelsaftschorle**, die Apfelsaftschorlen	1/4.3
die	**Arbeit**, die Arbeiten	2/4.1
	arbeiten, er arbeitet, er hat gearbeitet	2/4.1
die	***Arbeitsanweisung**, die Arbeitsanweisungen*	2/4.2a
das	**Arbeitszimmer**, die Arbeitszimmer	4/2.1c
	arm	4/6.1a
der	**Artikel**, die Artikel	2/4.2a
der/die	**Arzt/Ärztin**, die Ärzte/Ärztinnen	5/2.7
der	**Arzttermin**, die Arzttermine	6/4.1a
	attraktiv	6/5.1
	auch	Start 2.3
	auf	2/1.2
	auf dem Land	4/0
	Auf Wiederhören!	5/3.2b
	Auf Wiedersehen!	1/4.4a
	aufstehen, er steht auf, er ist aufgestanden	5/2.3
	aus	Start 2.1
der	**Ausgang**, die Ausgänge	6/2.1
	ausgehen, er geht aus, er ist ausgegangen	5/2.3
das	**Auto**, die Autos	Start 3.3
die	**Autobahn**, die Autobahnen	5/3.3a
das	***Autohaus**, die Autohäuser*	5/1.3

B

das	**Bad**, die Bäder	4/2.1a
	baden, er badet, er hat gebadet	4/2.1a
das	**Badezimmer**, die Badezimmer	4/2.1c
die	**Bahn**, die Bahnen	5/4.6b
der	**Bahnhof**, die Bahnhöfe	5/2.7
der	**Balkon**, die Balkons	4/0
die	**Bank**, die Banken	5/6.1
die	**Bar**, die Bars	6/2.1
das	***Bauernhaus**, die Bauernhäuser*	4/1
der	***Bauernhof**, die Bauernhöfe*	4/1.3
der	**Becher**, *die Becher*	2/1.3a
	beginnen, er beginnt, er hat begonnen	5/4.5b
die	***Begrüßung**, die Begrüßungen*	1/1.3
	bei	2/4.1
	beide	4/1.1
	bekommen, er bekommt, er hat bekommen	4/6.1b
die	***Beratung**, die Beratungen*	6/4.1a
der	**Beruf**, die Berufe	5/3.4

	berühmt	6/5.1
die	***Besprechung**, die Besprechungen*	6/4.1a
	bestellen, er bestellt, er hat bestellt	1/2.3
	besuchen, er besucht, er hat besucht	6/5.1
das	**Bett**, die Betten	4/4.1
	bezahlen, er bezahlt, er hat bezahlt	1/4.4b
die	**Bibliothek**, die Bibliotheken	6/2.1
der/die	***Bibliothekar/in**, die Bibliothekare/Bibliothekarinnen*	6/1
das	**Bier**, die Biere	1/0
das	**Bild**, die Bilder	6/3.1a
	billig	4/2.2b
die	***Biografie**, die Biografien*	2/4.2a
	bis	4/6.1a
	bis später	5/1.3
	bitte	1/1.1b
der	**Bleistift**, die Bleistifte	2/0
	brauchen, er braucht, er hat gebraucht	4/6.1a
	breit	4/6.1a
die	**Brille**, die Brillen	2/0
das	**Brötchen**, die Brötchen	2/1.3a
der	**Bruder**, die Brüder	2/2.5a
das	**Buch**, die Bücher	2/0
das	**Bücherregal**, die Bücherregale	4/2.2b
die	***Buchmesse**, die Buchmessen*	6/5.1
der	***Buchstabe**, die Buchstaben*	2/4.2a
	buchstabieren, er buchstabiert, er hat buchstabiert	2/1
das	**Buffet**, die Buffets	5/3.5
das	**Büro**, die Büros	Start 1.2a
der	**Bürostuhl**, die Bürostühle	4/4.3
der	**Bus**, die Busse	6/0

C

das	**Café**, die Cafés	5/3.6b
der	**Cappuccino**, die Cappuccini	1/0
die	**CD**, die CDs	2/4.2a
das	***Chaos***	4/2.2b
	chaotisch	4/3.5
der	**Chef**, die Chefs	6/4.1a
der	***Chor**, die Chöre*	6/5.1
	circa, ca.	4/6.1a
die	**(Coca-)Cola**, die Colas	1/0
der	**Computer**, die Computer	Start 1.2a
	cool	4/7.1

D

	da sein, er ist da, er war da	5/1.3
	daneben	4/3.5
	danke	1/4.4a
	dann	5/1.3
	denn	3/1.5
	deutsch	3/4.2
das	**Deutsch (auf Deutsch)**	2/1
der/die	**Deutsche/r**, die Deutschen	5/4.6b
der	**Deutschkurs**, die Deutschkurse	1/1.1b
	Deutschland	Start 1.3
der/die	**Deutschlehrer/in**, die Deutschlehrer/innen	Start 2.1
der	**Dienstag**, die Dienstage	5/1
die	***Dienstreise**, die Dienstreisen*	6/4.1a
die	**Disko**, die Diskos	5/3.6b
	doch	3/2.1a
der	**Dom**, die Dome	3/0
der	**Donnerstag**, die Donnerstage	5/1
das	**Dorf**, die Dörfer	3/0
	dort	6/2.1
der	**Drucker**, die Drucker	6/3.1a
	dunkel	4/2.1b
die	***DVD**, die DVDs*	4/6.1a

E

	ein bisschen	3/4.2
	einfach	4/6.1a
das	**Einfamilienhaus**, die Einfamilienhäuser	4/1
	einkaufen, er kauft ein, er hat eingekauft	5/2.7
die	***Einkaufspassage**, die Einkaufspassagen*	6/5.1
die	**Einladung**, die Einladungen	6/4.1a
	einmal	Start 3.7b
der	**Eiskaffee**, die Eiskaffees	1/0
der	**Eistee**, die Eistees	1/0
die	**Eltern** (Pl.)	6/4.1a
das	**Englisch**	2/4.1
die	**Entschuldigung**, die Entschuldigungen	1/1.1b
das	**Erdgeschoss**, die Erdgeschosse	6/2.1
	erklären, er erklärt, er hat erklärt	2/4.3
	erst	5/4.6b
der	**Espresso**, die Espressi	1/4.3
	essen	4/2.1a
das	**Essen**, die Essen	5/2.7
der	***Esstisch**, die Esstische*	4/4.2b
die	**Etage**, die Etagen	6/1

etwas 1/2.3c
der **Euro**, die Euros Start 1.2a
*der/die **Europäer/in**, die Europäer/innen* 5/4.6b
*die **Europäische Union (EU)*** 1/4.5
*die **Eurozone**, die Eurozonen* 1/4.5
***existieren**, er existiert, er hat existiert* 6/5.1

F

*das **Fachwerkhaus**, die Fachwerkhäuser* 4/0
die **Fähre**, die Fähren 6/0
fahren, er fährt, er ist gefahren 5/4.6b
das **Fahrrad**, die Fahrräder 2/3.4c
die **Fahrt**, die Fahrten 5/1.3
falsch 2/Ü18a
die **Familie**, die Familien Start 4.1a
*die **Fanta**, die Fantas* 1/4.3
das **Fenster**, die Fenster 2/3.4c
der **Fernseher**, die Fernseher 4/5.1
die **Feuerwehr** 1/4.2a
der **Film**, die Filme 5/3.6a
*die **Finanzen** (Pl.)* Start 3.3
finden (etwas gut/... finden), er findet, er hat gefunden Start 4.1a
finden (etwas finden), er findet, er hat gefunden 6/2.1
*das **Fitness-Studio**, die Fitness-Studios* 5/3.5
fliegen, er fliegt, er ist geflogen Start 4.1a
der **Flur**, die Flure 4/2.1a
das **Foto**, die Fotos 2/2.2
die **Frage**, die Fragen 2/2.2
fragen, er fragt, er hat gefragt 3/1.5
die **Frau**, die Frauen Start 2.1
frei 1/1.1b
der **Freitag**, die Freitage 5/1
der/die **Freund/in**, die Freunde/Freundinnen 2/4.1
der/die **Friseur/in**, die Friseure, Friseurinnen 5/4.5b
das **Frühstück**, die Frühstücke 5/2.2a
frühstücken, er frühstückt, er hat gefrühstückt 5/2.3
*der **Füller**, die Füller* 2/0
***funktionieren**, er funktioniert, er hat funktioniert* 4/6.1a
für 2/4.1
der **Fuß (zu Fuß)**, die Füße 6/0
der **Fußball**, die Fußbälle 2/3.4c

G

ganze 6/5.1
die **Garage**, die Garagen 4/0
*die **Garderobe**, die Garderoben* 6/2.1
der **Garten**, die Gärten 4/0
geben, er gibt, er hat gegeben 6/5.1
geben (es gibt), es gibt, es hat gegeben 4/7.2
der **Geburtstag**, die Geburtstage 6/4.2
gehen (ich gehe), er geht, er ist gegangen 2/4.1
gehen (geht es am ...?), es geht, es ist gegangen 5/3.2b
gehen (wie geht's?), es geht, es ist gegangen 3/2.1a
gemütlich 4/1.1
genauso 5/4.6b
gern(e) 1/2.3b
das **Geschäft**, die Geschäfte 5/2.7
das **Gespräch**, die Gespräche 4/5.2a
das **Getränk**, die Getränke 1/4.3
getrennt 1/4.4a
*die **Gitarre**, die Gitarren* 2/4.1
glauben, er glaubt, er hat geglaubt 5/4.6b
gleich 1/4.5
das **Glück** 4/6.1a
groß 4/1.1
die **Großstadt**, die Großstädte 6/5.1
der **Gruß**, die Grüße 4/6.1a
Grüß dich! 1/1.1b
gut 3/2.1a
Guten Abend! 5/3.1
Guten Morgen! 5/1.3
Guten Tag! Start 2.1

H

haben, er hat, er hatte Start 4.1a
halb 5/2.2a
hallo Start 2.1
das **Handy**, die Handys 2/0
hängen, er hängt, er hat gehängt 6/3.2b
der **Hauptbahnhof**, die Hauptbahnhöfe 6/1
die **Hauptstadt**, die Hauptstädte 3/3.4
das **Haus**, die Häuser 2/2.1
die **Hausaufgabe**, die Hausaufgaben 2/4.3
das **Heft**, die Hefte 2/0
die **Heimat**, die Heimaten 2/4.1
heiß 6/3.3
heißen, er heißt, er hat geheißen Start 2.1

helfen, er hilft, er hat geholfen 4/6.1b
hell 4/2.2b
der **Herd**, die Herde 4/5.1
der **Herr**, die Herren/Herrn Start 2.1
heute 3/4.1
hier 4/2.1b
die **Hilfe**, die Hilfen 4/6.1a
hinter 6/2.3
das **Hobby**, die Hobbys 2/4.1
*das **Hochhaus**, die Hochhäuser* 4/0
hören, er hört, er hat gehört 2/1.3b
das **Hotel**, die Hotels 6/1.1
der **Hund**, die Hunde 2/3.4a

I

im 2/4.1
in Start 2.3
*die **Industriestadt**, die Industriestädte* 6/5.1
die **Information**, die Informationen 6/2.4a
international 6/5.1
die **Internetseite**, die Internetseiten 6/2.1

J

ja 1/1.1b
das **Jahr**, die Jahre 3/4.2
jeder, jedes, jede 6/1
jetzt Start 2.3
der **Junge**, die Jungen Start 3.7a

K

der **Kaffee**, die Kaffees 1/0
die **Kaffeetasse**, die Kaffeetassen 6/3.1a
*das **Kaffeetrinken*** 6/4.1a
der **Kakao**, die Kakaos 1/0
der **Kalender**, die Kalender 5/0
kalt 6/3.3
die **Kasse**, die Kassen Start 1.2a
*der **Katalog**, die Kataloge* 6/2.1
die **Katze**, die Katzen 2/3.6
kein, kein, keine 2/1
Keine Ahnung! 2/3.4a
*der **Keller**, die Keller* 4/2.1b
das **Kind**, die Kinder 2/4.1
das **Kinderzimmer**, die Kinderzimmer 4/2.1b
das **Kino**, die Kinos 5/3.6a
klar 1/1.1b
klein 4/1.1
kochen, er kocht, er hat gekocht 4/2.1a
kommen, er kommt, er ist gekommen Start 2.1
der/die **Komponist/in**, die Komponisten/Komponistinnen 6/5.1
können, er kann, er konnte 2/1
das **Konzert**, die Konzerte Start 1.2a
kosten, es kostet, es hat gekostet 4/2.2b
die **Küche**, die Küchen 4/2.1a
*die **Küchenlampe**, die Küchenlampen* 4/4.2b
der **Küchenschrank**, die Küchenschränke 4/4.1
*der **Küchentisch**, die Küchentische* 4/4.2a
der **Kühlschrank**, die Kühlschränke 4/5.1
der **Kuli**, die Kulis 2/0
die **Kultur**, die Kulturen 3/4.1
der **Kurs**, die Kurse 2/4.1
der/die **Kursleiter/in**, die Kursleiter/innen 2/4.3
der/die **Kursteilnehmer/in**, die Kursteilnehmer/innen 2/4.3
kurz 3/4.2

L

die **Lampe**, die Lampen 2/0
das **Land**, die Länder 1/4.5
*die **Landkarte**, die Landkarten* 2/1.3a
lang 4/2.2b
langsam 2/4.3
der **Latte macchiato** 1/1.1b
laut 4/1.1
leben, er lebt, er hat gelebt 2/4.1
lecker 3/Ü11
der/die **Lehrer/in**, die Lehrer/innen Start 2.1
leider 4/6.1a
leidtun, er tut leid, er hat leidgetan 5/1.3
*der/die **Leiter/in**, die Leiter/innen* 6/5.1
lernen, er lernt, er hat gelernt 2/4.1
*der **Lerntipp**, die Lerntipps* Start 4.0
lesen, er liest, er hat gelesen 2/1.3b
*der **Lesesaal**, die Lesesäle* 6/2.1
die **Leute** (Pl.) 5/4.6b
liebe ..., lieber ... (Name) 4/6.1a
lieber 1/1.1b
liegen, er liegt, er hat gelegen 3/2.4
links 4/2.2a
die **Liste**, die Listen 6/4.1a
*die **Lottozahl**, die Lottozahlen* 2/4.2a

M

machen, er macht, er hat gemacht 2/1
das **Mädchen**, die Mädchen Start 3.7a
das ***Magazin**, die Magazine* 2/4.2a
*der/die **Makler/in**, die Makler/innen* 4/2.1b

mal 3/2.1a
manchmal 5/4.6b
der **Mann**, die Männer 2/3.2
*der **Marktplatz**, die Marktplätze* 3/0
der **März** 6/5.1
die **Maus**, die Mäuse 6/3.1
*das **Meeting**, die Meetings* 6/4.1a
meistens 5/2.7
*die **Messe**, die Messen* 6/5.1
die **Milch** 1/0
der **Milchkaffee**, die Milchkaffees 1/4.3
die **Million**, die Millionen 1/4.5
das **Mineralwasser**, die Mineralwasser 1/4.3
die **Minute**, die Minuten Start 4.1a
mit 2/2.3
mitkommen, er kommt mit, er ist mitgekommen 5/4.4a
der **Mittag**, die Mittage 5/3.1
das **Mittagessen**, die Mittagessen 5/2.2a
die **Mittagspause**, die Mittagspausen 5/2.3
der **Mittwoch**, die Mittwoche 5/1
die **Möbel** (Pl.) 4/4.1
möchten, er möchte, er mochte 1/1.1b
modern 4/1.3
der **Moment**, die Momente 2/4.1
der **Monat**, die Monate 5/0
*der **Monitor**, die Monitore* 6/3.1a
der **Montag**, die Montage 5/1
das **Moped**, die Mopeds 6/0
morgen 4/6.1a
der **Morgen**, die Morgen 5/3.1
morgens 5/2.5a
das **Motorrad**, die Motorräder 2/3.4c
die **Münze**, die Münzen 1/4.5
das **Museum**, die Museen 3/0
die **Musik**, die Musiken Start 1.2a
*der **Musikfan**, die Musikfans* 6/5.1
müssen, er muss, er musste 5/4.5b

N

nach (+ Land) 2/4.1
nach Hause 6/Ü4a
der/die **Nachbar/in**, die Nachbarn/Nachbarinnen 4/1.1
der **Nachmittag**, die Nachmittage 5/3.1
nächster, nächstes, nächste 5/3.2b
die **Nacht**, die Nächte 5/3.1
die **Nähe** 3/2.5
der **Name**, die Namen Start 2.1
national 1/4.5
die **Natur**, die Naturen Start 1.2a
neben 6/3.2a
nehmen, er nimmt, er hat genommen 1/2.3b
nein 1/2.1
nett 4/1.1
neu 2/4.1
nicht 2/1.2
noch 1/1.1b
noch einmal Start 3.7b
der **Norden** 3/2.4
nördlich 3/2.4
nordöstlich 3/2.4
nordwestlich 3/2.4
der/die **Notarzt/Notärztin**, die Notärzte/Notärztinnen 1/4.2a
der **Notizblock**, die Notizblöcke 6/3.1a
die **Nummer**, die Nummern 1/4.1
nur 4/2.2b

O

o.k. 3/2.1a
oben 6/2.1
oder 1/1.1b
offiziell 1/4.5
öffnen, er öffnet, er hat geöffnet 5/2.7
die **Öffnungszeit**, die Öffnungszeiten 5/2.7
oft 5/4.6b
ohne 1/2.3a
*das **Oktoberfest**, die Oktoberfeste* 5/3.5
online 6/2.1
die **Oper**, die Opern Start 1.2a
der **Orangensaft**, die Orangensäfte 1/0
***ordnen**, er ordnet, er hat geordnet* 2/4.3
der **Ordner**, die Ordner 6/3.1a
der **Osten** 3/2.4
Österreich Start 3.7c
östlich 3/2.4

P

das **Paar**, die Paare 3/4.2
packen, er packt, er hat gepackt 4/6.1a
die **Panne**, die Pannen 5/1.3
das **Papier**, die Papiere 2/1.3a
der **Papierkorb**, die Papierkörbe 6/3.1a
der **Park**, die Parks 3/0
*das **Parlament**, die Parlamente* Start 1.2a
die **Party**, die Partys 5/4.6a
passen, er passt, er hat gepasst 5/4.5b
die **Pause**, die Pausen 2/1.3b
die **Person**, die Personen 6/2.3b
die **Pflanze**, die Pflanzen 6/3.1a
der/die **Pilot/in**, die Piloten/Pilotinnen Start 1.2a

die **Pizza**, die Pizzen Start 1.2a
der **Plan**, die Pläne 6/5.2
der **Platz**, die Plätze 3/1
die **Polizei** 1/4.2a
die **Postleitzahl (PLZ)**, die Postleitzahlen 4/6.1a
die **Praxis**, die Praxen 5/3.2b
der **Preis**, die Preise 1/4.3
pro 4/6.1a
das **Problem**, die Probleme 4/6.1a
produzieren*, er produziert, er hat produziert* 6/5.1
das **Prozent**, die Prozente 3/5.2
der **Punkt**, die Punkte 5/1.2
pünktlich 5/4.6a
die **Pünktlichkeit** 5/4.6b

Q

der **Quadratmeter (qm)**, *die Quadratmeter* 4/1.1

R

das **Rad**, die Räder 2/3.4c
der **Radiergummi**, die Radiergummis 2/1
das **Radio**, die Radios 2/4.2a
die **Rechnung**, die Rechnungen 1/4.3a
rechts 4/2.2a
das **Regal**, die Regale 4/4.2c
das **Reihenhaus**, die Reihenhäuser 4/1
das **Restaurant**, die Restaurants Start 1.2a
der **Rotwein**, die Rotweine 1/0
der **Rücken**, die Rücken 4/6.1a
die **Rückenschmerzen** (Pl.) 4/6.1b
ruhig 4/1.1

S

der **Saft**, die Säfte 1/0
sagen, er sagt, er hat gesagt 2/4.1
sammeln, er sammelt, er hat gesammelt 1/2.6a
der **Samstag**, die Samstage 5/1
das **Sandwich**, die Sandwich(e)s 6/2.1
der **Satz**, die Sätze 2/4.2a
der **Schein (Euroschein)**, die Scheine 1/4.5
schlafen, er schläft, er hat geschlafen 4/2.1a
das **Schlafzimmer**, die Schlafzimmer 4/2.1c
schließen, er schließt, er hat geschlossen 5/2.7
der **Schlüssel**, die Schlüssel 4/2.1b
schon 3/2.1a
schön 4/2.1b
der **Schrank**, die Schränke 4/4.1
schreiben, er schreibt, er hat geschrieben 2/1
der **Schreibtisch**, die Schreibtische 4/4.1
die ***Schreibtischlampe****, die Schreibtischlampen* 4/4.2a
der **Schuh**, die Schuhe 4/7.1
die **Schule**, die Schulen 2/4.1
der/die **Schüler/in**, die Schüler/innen 6/5.1
die **Schweiz** Start 3.7c
schwer 4/6.1a
das **Schwimmbad**, die Schwimmbäder 5/3.5
schwimmen, er schwimmt, er ist geschwommen 5/3.5
sehen, er sieht, er hat gesehen 4/6.1a
sehr 4/1.1
sein, er ist, er war Start 2.1
seit 2/4.1
das ***Sekretariat****, die Sekretariate* 6/2.5
der **Sessel**, die Sessel 4/4.1
das ***Shopping-Paradies****, die Shopping-Paradiese* 6/5.1
so 1/3.3c
das **Sofa**, die Sofas 4/4.1
der **Sohn**, die Söhne 3/4.2
der **Sommer**, die Sommer Start 4.1a
der **Sonntag**, die Sonntage 5/1
sortieren*, er sortiert, er hat sortiert* 1/2.6a
der **Spaß**, die Späße 2/4.1
spät 2/4.3
der **Spiegel**, die Spiegel 4/4.1
spielen, er spielt, er hat gespielt 2/4.1
der **Sport** 2/4.1
die **Sprache**, die Sprachen 4/4.1
sprechen, er spricht, er hat gesprochen 1/2.6a
die **Spüle**, die Spülen 4/5.1
das **Stadion**, die Stadien 5/3.6b
die **Stadt**, die Städte 3/0
der ***Stadtverkehr****, die Stadtverkehre* 6/1
das ***Stadtzentrum****, die Stadtzentren* 6/5.1
stattfinden, es findet statt, es hat stattgefunden 6/5.1
der **Stau**, die Staus 5/3.3a
stehen (ich stehe), er steht, er hat gestanden 4/6.1a
die **Stehlampe**, die Stehlampen 4/4.1
stimmen, es stimmt, es hat gestimmt 2/3.6
der **Stock**, die Stöcke 4/6.1a
der **Stopp**, die Stopps 2/2.7
die **Straße**, die Straßen 4/1.1

die	**Straßenbahn**, die Straßenbahnen	6/0
der/die	**Student/in**, die Studenten/Studentinnen	2/4.1
das	**Studentenwohnheim**, die Studentenwohnheime	4/1
	studieren, er studiert, er hat studiert	2/4.1
das	**Studium**, die Studien	3/5.1
der	**Stuhl**, die Stühle	2/1.3a
die	**Stunde**, die Stunden	5/0
	suchen, er sucht, er hat gesucht	4/5.2a
der	**Süden**	3/2.4
	südlich	3/2.4
	südöstlich	3/2.4
	südwestlich	3/2.4
der	**Supermarkt**, die Supermärkte	Start 1.2a
die	**Suppe**, die Suppen	6/2.1

T

die	**Tafel**, die Tafeln	2/1.3a
der	**Tag**, die Tage	4/6.1a
die	**Tankstelle**, die Tankstellen	5/2.7
die	**Tasche**, die Taschen	2/1.3a
die	**Tastatur**, die Tastaturen	6/3.1
die	**Technik**, die Techniken	4/5.2a
der	**Tee**, die Tees	1/0
das	**Telefon**, die Telefone	Start 1.2a
die	**Telefonnummer**, die Telefonnummern	1/4.1
der	**Teppich**, die Teppiche	4/4.1
die	**Terrasse**, die Terrassen	4/0
	teuer	4/3.4
der	**Text**, die Texte	Start 4.0
das	**Theater**, die Theater	3/0
der	**Tipp**, die Tipps	6/5.1
der	**Tisch**, die Tische	4/4.1
die	**Toilette**, die Toiletten	4/3.4
der	***Ton**, die Töne*	2/2.5a
das	**Tor**, die Tore	3/1
der/die	**Tourist/in**, die Touristen/Touristinnen	Start 1.2a
die	**Tradition**, die Traditionen	6/5.1
der	***Transport**, die Transporte*	Start 3.3
der	***Traum**, die Träume*	4/3.5
	treffen (sich), er trifft sich, er hat sich getroffen	5/3.6a
	trinken, er trinkt, er hat getrunken	1/1.1b
	tschüss	5/3.6a
	tun, er tut, er hat getan	5/3.3a
die	**Tür**, die Türen	2/2.1
der	**Turm**, die Türme	3/1
das	***TV**, die TVs*	Start 3.3
die	***TV-Serie**, die TV-Serien*	3/4

U

die	**U-Bahn**, die U-Bahnen	6/0
	üben, er übt, er hat geübt	1/2.6a
	über	1/4.5
die	**Uhr**, die Uhren	Start 4.1a
	um	5/1.3
der	***Umzug**, die Umzüge*	4/6.1a
der	***Umzugskarton**, die Umzugskartons*	4/6.1a
	und	Start 2.1
die	**Universität (Uni)**, die Universitäten	2/4.1
	unten	6/2.1
	unter	6/3.2a
der	**Urlaub**, die Urlaube	5/2.4

V

die	***Vase**, die Vasen*	4/3.1a
die	**Verabredung**, die Verabredungen	5/4.5b
	verheiratet	2/4.1
der	**Verkehr**	6/1.2
die	***Verspätung**, die Verspätungen*	5/4.1
	verstehen, er versteht, er hat verstanden	2/1.2
die	***Verwaltung**, die Verwaltungen*	6/2.1
	viel	1/2.2b
	Vielen Dank!	4/3.2
das	**Viertel**, die Viertel	5/2.2a
die	**Viertelstunde**, die Viertelstunden	6/1
	von	3/2.4
	vor	5/2.2a
der	**Vormittag**, die Vormittage	5/3.1
der	**Vorname**, die Vornamen	Start 3.8

W

die	**Wand**, die Wände	6/3.2a
	wann	5/2.3
	warm	1/4.3
	warten, er wartet, er hat gewartet	5/4.1
	was	1/1.1b
	was für ein	4/2.2b
das	**Waschbecken**, die Waschbecken	4/5.1
	waschen, er wäscht, er hat gewaschen	Stat. 4/1.4
die	**Waschmaschine**, die Waschmaschinen	4/6.1a
das	**Wasser**, die Wasser/Wässer	1/0
der	**Wecker**, die Wecker	5/0
der	**Weg**, die Wege	6/2.3b

der	**Wein**, die Weine	1/1.4
der	***Weißwein**, die Weißweine*	1/0
	welcher, welches, welche	3/5.5
die	**Welt**, die Welten	6/5.1
	wenig	1/2.3a
	wer	Start 2.1
die	**Werbung**, die Werbungen	6/2.2a
der	**Westen**	3/2.4
	westlich	3/2.4
	wichtig	2/4.1
	wie	Start 2.1
	wie bitte?	2/1.2
	wie viel	5/2.3
	wiederholen, er wiederholt, er hat wiederholt	2/1
	wirklich	4/2.2b
	wissen, er weiß, er hat gewusst	3/1.5
	wo	Start 2.3
die	**Woche**, die Wochen	5/0
das	**Wochenende**, die Wochenenden	5/0
	woher	Start 2.1
	wohnen, er wohnt, er hat gewohnt	Start 2.3
die	***Wohngemeinschaft**, die Wohngemeinschaften*	3/4.2
das	***Wohnheim**, die Wohnheime*	4/1.1
die	**Wohnung**, die Wohnungen	4/1.1
das	**Wohnzimmer**, die Wohnzimmer	4/2.1a
das	**Wort**, die Wörter	2/2.7
das	**Wörterbuch**, die Wörterbücher	2/0
das	***Wörternetz**, die Wörternetze*	4/5.1

Z

	z. B. (= zum Beispiel)	4/5.1
die	**Zahl**, die Zahlen	1/3.3b
	zahlen, er zahlt, er hat gezahlt	1/4.4a
das	***Zahlungsmittel**, die Zahlungsmittel*	1/4.5
der/die	**Zahnarzt/Zahnärztin**, die Zahnärzte/Zahnärztinnen	5/4.1
	zehn	1/3.1
die	**Zeit**, die Zeiten	5/2.3
die	**Zeitung**, die Zeitungen	6/2.1
	zentral	4/6.1a
das	**Zentrum**, die Zentren	6/5.1
der	**Zettel**, die Zettel	4/5.1
	ziemlich	4/1.1
das	**Zimmer**, die Zimmer	4/1
der	**Zoo**, die Zoos	5/3.6b
	zu	2/4.3
der	**Zucker**	1/2.3a
der	**Zug**, die Züge	5/4.1
	zusammen	1/4.4a
	zwischen	5/2.3

Bildquellenverzeichnis

Cover Robert Nadolny, Grafikdesign – **Inhaltsverzeichnis** *Start links* Fotolia/Jan Kranendonk; *Start rechts* pdesign; *1 links* Fotolia/Monkey Business; *1 rechts* Shutterstock/Apples Eyes Studios; *2 links* Cornelsen Schulverlage/Thomas Schulz; *2 rechts* Fotolia/Rich Sargeant; *3 links 1* Colourbox; Fotolia: 2 Kristan; 3 schulz; Fotolia: *4 links* Kzenon; *4 rechts* Kara; *5 links* Shutterstock/Marco Cappalunga; *5 rechts* Fotolia/iofoto; *6 links* Cornelsen Schulverlage/Hugo Herold-Fotokunst; *6 rechts* Shutterstock/Krivosheev Vitaly; Fotolia: *7 links* ArtmannWitte; *7 rechts* EyeAmi; *8 links* Philipus; *8 rechts* Buddy Bär Berlin GmbH; Fotolia: *9 links* idee23; *9 rechts* Sebastian Helminger; *10 links* Mauriciojordan; *10 rechts* Kalle Kolodziej; *11 links* Iakov Filimonov; *11 rechts* Robert Hoetink; *12 links* Monkey Business; *12 rechts* by-studio – **S. 8** Fotolia: *a* Jan Kranendonk; *b* Bergfee; *c* Shutterstock/Monkey Business Images; *d* Fotolia/Monkey Business – **S. 9** *e* Bildagentur Huber; Fotolia: *f* Ingo Bartussek; *g* Contrastwerkstatt; *h* E Reichelt Verwaltungsgesellschaft mbH; *i* Lufthansa, Ingrid Friedl; *j* Fotolia/PDesign – **S. 10** Fotolia: *links* Robert Kneschke; *rechts* Henlisatho – **S. 12** *v. oben n. unten* RTL interactive GmbH; IBM Deutschland GmbH; Deutsche Bahn AG; Volkswagen AG; ORF Online und Teletext GmbH & Co KG; Shutterstock/Vladimir Wrangel; Zweites Deutsches Fernsehen – **S. 13** Goethe-Institut – **S. 14** *1* Fotolia/gstockstudio; 2 Picture Alliance/dpa-Zentralbild/Jan Woitas; Fotolia: 3 ARochau; *4* julenochek – **S. 15** Cornelsen Schulverlage/Hermann Funk – **S. 16** Fotolia: *a* Contrastwerkstatt; *unten v. l. n. r.* Teamarbeit; Lilia Beck, Bremen; Blue Lemon Photo; Cut; MAK; Shutterstock: Eric Gevaert; Apple Eyes Studio – **S. 16/17** *b* Shutterstock/mimagephotography – **S. 17** *c* Fotolia/Monkey Business; *unten v. l. n. r.* Shutterstock/Chris Christou; Fotolia: Elena Moiseeva; Julián Rovagnati; DKImages; Iosif Szasz-Fabian; Günter Menzl; Digieye – **S. 18** Cornelsen Schulverlage/Andrea Mackensen – **S. 19** Ullsteinbild/TopFoto – **S. 21** Fotolia: *oben* nenetus; *unten links* Andy Dean – **S. 22** Fotolia: *oben* ferkelraggae; *Mitte* Jacek Chabraszewski – **S. 23** *unten* Fotolia/Mani35 – **S. 24** *a* iStockphoto/Webphotographer; Fotolia: *b* Olesia Bilkei; *c* Igor Mojzes; *d* iStockphoto/Kristian Sekulic – **S. 25** *links* Shutterstock/Thomas DiMauro; *rechts* Fotolia/Ben – **S. 26** Fotolia/Kzenon – **S. 28** Deutsche Bahn AG – **S. 29** Shutterstock/Everett Collection – **S. 30** Picture Alliance/Rainer Hackenberg – **S. 32** Cornelsen Schulverlage/Thomas Schulz; *unten v. l. n. r.* Fotolia: Andreas F.; Marek Kosmal; Pedro Díaz; Shutterstock/Thank You; Fotolia/seen – **S. 33** Cornelsen Schulverlage/Thomas Schulz; Fotolia: *unten* Kramographie; *unten v. l. n. r.* Rick Sargeant; photoGrapHie; liquidImage; al62; Endrille – **S. 36** *oben links, oben 2. v. l.* Fotolia/Contrastwerkstatt; *oben 3. v. l.* Pixel974; *Mitte links* Shutterstock/Ahmadfaizal Yahya; *Mitte* Picture Alliance/efe/Manuel Bruque; *oben rechts* Shutterstock/Monika Wisniewska; Fotolia: *links v. oben n. unten* T. Michel; *rechts oben* Dark Vectorangel; *rechts unten* Moonrun – **S. 37** *v. oben n. unten* Shutterstock/MiloVad; Fotolia/ALX; Shutterstock: Baloncici; Zoltan Kiraly; Beavskiy Dmitry; Fotolia/seen – **S. 38** *oben links* Shutterstock/Goodluz; *oben rechts* Colourbox; *unten* Shutterstock/Tabayuki – **S. 39** Cornelsen Schulverlage/Hermann Funk – **S. 40** Fotolia: *oben links* photoGrapHie; *oben Mitte* Rick Sargeant; *oben rechts* Kramografie; *1* liquidImage; 2 al62; 3 photoGrapHie; *4* seen; 5 Marek Kosmal; 6 Endrille; 7 Pedro Díaz; 8 Andreas F.; 9 Photoman; *10* Shutterstock, RzymuR – **S. 42** Fotolia/Kitty – **S. 43** *oben* Shutterstock/Mangostock – **S. 44** Fotolia: *oben links, unten rechts* T. Michel; *oben rechts* Moonrun; *unten links* Dark Vectorangel; *Mitte* Shutterstock/Goodluz; *unten* Fotolia/Le monde en photos – **S. 45** *a* Shutterstock/leungchopan; Fotolia: *b* www.foto-und-mehr.de; *c* Karen Struthers – **S. 46** *oben* Shutterstock/Jaggat2; *Mitte* Picture Alliance, dpa/Heinz Unger; *unten* Picture Alliance, dpa/Henning Kaiser – **S. 48** *links* Shutterstock/Jo Crebbin; *2. v. links* Colourbox; *3. v. links* Fotolia/Kristan; *rechts* Fotolia/schulz; *unten v. l. n. r.* Fotolia: Thomas Reimer; BildPix.de; Jürgen Feldhaus; BildPix.de – **S. 48/49** *oben* Fotolia/Word Travel Images – **S. 49** Fotolia: *Mitte links* Thomas Otto; *Mitte* Andreas; *Mitte rechts* Shutterstock/aslysun; Fotolia: *unten* Mikhail Starodubov; *unten v. l. n. r.* JackF; ivanukh; papa; Shutterstock/Jorg Hackemann – **S. 50** *oben* Shutterstock/Imagesolutions; Fotolia/Carlos101 – **S. 53** WDR/Gudrun Stockinger – **S. 54** *oben links* Shutterstock/Petrenko Andriy; *oben rechts* Fotolia/CURAphotography; *Mitte* Picture Alliance/Globus Infografik – **S. 55** *oben* Shutterstock/Monkey Business Images – **S. 56** Fotolia: *oben* Fotolyse; *1* I-pics; 2 Vladislav Gajic; 3 Elbphilharmonie, Herzog de Meuron; Fotolia: *4* Gül Kocher; 5 Digitalpress; 6 Simon Ebel – **S. 57** *oben* Cornelsen Schulverlage/Filma Media Productions; *unten* Fotolia/Alekup – **S. 58** *oben* Fotolia/Dmitry Koksharov; *unten* Shutterstock/Paul Vinten – **S. 59** Fotolia/Bloomua – **S. 60** Shutterstock: *oben* cinemafestival; *Mitte links* hightowernrw; Fotolia: *Mitte rechts oben* Siegmar; *Mitte rechts unten* Monkey Business – **S. 61** *oben* Shutterstock/Stuart Jenner; *unten* Colourbox – **S. 64** Cornelsen Schulverlage/Thomas Schulz – **S. 65** Cornelsen Schulverlage/Hermann Funk – **S. 66** *oben links* Mauritius Images; *oben rechts* Shutterstock/Monkey Business Images; *Mitte* Fotolia/kbuntu – **S. 68** Cornelsen Schulverlage/Filma Media Productions – **S. 69** Cornelsen Schulverlage/Filma Media Productions – **S. 70** Fotolia: *v. l. n. r. v. oben* n. *unten* Ben; Photographee.eu; KorayErsin; Bernd Kröger; Kzenon; pureshot; Shutterstock: Whatafoto; spfotocz; Colourbox; Fotolia: Zanna; Felix Vogel; Shutterstock/YaiSirichai – **S. 71** Fotolia/*Sindy* – **S. 72** Cornelsen Schulverlage: *a* Hugo Herold-Fotokunst; *b* Hermann Funk; *unten v. l. n. r.* Fotolia: ArTo; Maler; Cornelsen Schulverlage/Hermann Funk; Fotolia: Laiotz; Thomas Reimer – **S. 73** Fotolia: *c* Kara; *d* Kara; *e* Cornelsen Schulverlage/K. Hoppe-Brill; *unten v. l. n. r.* Fotolia: Stefan Balk; Uzi Tzur; Tomispin; Flexmedia; GordonGrand – **S. 74** Fotolia: 1Ant236; 2 Frank Seifert; 3 photo 5000 – **S. 78** Fotolia: *Küche* Günter Menzl; *Schrank* ChinKS; *Bett* AR; *Sessel* Werner Fellner; *Schreibtisch, Sofa* by-studio; *Tisch* Stockcity; Shutterstock: *Teppich* LeshaBu; *Lampe* yanugkelid; Fotolia: *Bücherregal* bramgino; *Spiegel* Stockcity – **S. 79** Fotolia: *links* Igor Ostapchuk; *rechts* Günter Menzl – **S. 80** Fotolia/Kzenon – **S. 81** Fotolia: *a* Tom Kuest; *b* Ioan Veres; *c* Cornelsen Schulverlage/Hugo Herold-Fotokunst; *d* Fotolia/Hansenn – **S. 82** Fotolia: *oben links*, Jean-Jacques Cordier; *oben Mitte* Thomas Reimer; *oben rechts* Cornelsen Schulverlage/K.-H. Schenkel; *unten links* Fotolia/Levent Sevimli; *unten Mitte* Cornelsen Schulverlage/K. Hoppe-Brill; *unten rechts* Cornelsen Schulverlage/Hugo Herold-Fotokunst – **S. 84** Shutterstock/Jack Frog – **S. 88** Fotolia/Franz Pfluegl – **S. 90** *a* Pixelio/Michael Bührke; Fotolia: *b* Marco Wydmuch; *c* Popova Olga; *d* Henlisatho – **S. 91** *e* Colourbox/Francois Destoc; *e*/TV Picture Alliance/

dpa/Frank May; f Fotolia/charlesknoxphoto; Shutterstock: *g* Mega Pixel; *h* marco cappalunga; Fotolia: *i* Coloures-pic; *unten links* Canakris; *Mitte unten* Shutterstock/Sandra van der Stehen; *unten rechts* Fotolia/io foto – **S. 93** *rechts* Fotolia/Gina Sanders – **S. 94** Fotolia/creative studio – **S. 95** *unten links* Fotolia/Mehmet Dilsiz; *unten rechts* Colourbox – **S. 96** Fotolia/Detailblick – **S. 97** Fotolia: *oben* Kzenon; *unten* Minerva Studio – **S. 99** *1* Shutterstock/Anton Gvozdikov; Fotolia: 2 brat82; 3 Coloures-pic; *4* Cornelsen Schulverlage/Hermann Funk; 5 Fotolia/Photographee.eu; *6* Cornelsen Schulverlage/S. Lücking – **S. 100** *links* Fotolia/SnappyStock, Inc.; *rechts* Shutterstock/Odua Images – **S. 101** Picture Alliance/dpa/Andreas Gebert – **S. 104** Colourbox – **S. 106** Fotolia: *1* Angelika Bentin; *unten v. l. n. r.* Philipus; Shutterstock/Krivosheev; Fotolia: Stigtrix; AustralianDream; Goran Bogicevic – **S. 107** *oben links* F1online; 2 Shutterstock/Goodluz; *oben rechts* Ullsteinbild/Meißner; 3 Fotolia/Janina Dierks; *Mitte links* Cornelsen Schulverlage/Hermann Funk; *Mitte rechts* Dr. Ing. h. c. F. Porsche AG; *4* Fotolia/VgStudio; *unten v. l. n. r.* Deutsche Bahn AG; Fotolia: Michael Schütze; Luc Martin; Digitalstock/Steffi-Lotte; Shutterstock/connel – **S. 108** *oben links* Universitätsbibliothek Leipzig/Werner Drescher; *oben rechts, unten links, rechts* Cornelsen Schulverlage/Hermann Funk – **S. 109** Cornelsen Schulverlage/Hugo Herold-Fotokunst– **S. 110** Cornelsen Schulverlage/Thomas Schulz – **S. 111** Cornelsen Schulverlage/Thomas Schulz – **S. 112** Fotolia/Coloures-pic – **S. 113** Picture Alliance/dpa-Zentralbild: *oben links* Thomas Schulze; *Mitte links* Waltraud Grubitzsch; *Mitte* Leipziger Messe GmbH/Stephan Hoyer; *unten* Cornelsen Schulverlage/Hermann Funk – **S. 114** *oben 1* Fotolia/Philipus; 2 Shutterstock/Aodaodaodaod; Fotolia: 3 Fuxart; *4* chaoss; 5 Deutsche Bahn AG, Frank Barteld; *6* Fotolia/matteo NATALE; *unten* Fotolia: *1* Jean-Philippe Wallet; 2-3 Kzenon; *4* Claudia Paulussen – **S. 115** Fotolia/Artusius – **S. 116** Fotolia: *unten links, unten rechts* Robert Kneschke; *unten Mitte* Monkey Business – **S. 118** Cornelsen Schulverlage/Thomas Schulz – **S. 119** *Mitte* Fotolia/Bloomua; *unten: links* action press/Hussein, Anwar; *2. v. links* Shutterstock/Dfree; *2. v. rechts* Shutterstock/s_bukley; *rechts* Shutterstock/Featureflash – **S. 120** *links* Shutterstock/Skunk Taxi; *Mitte* Leipziger Messe GmbH/Stefan Hoyer; *rechts* Fotolia/Rena Marijn – **S. 121** Cornelsen Schulverlage/Thomas Schulz – **S. 122** *1* Fotolia/Jürgen Fälchle; *oben rechts* Ullsteinbild/Bodig; 2 Fotolia/auremar; 3 Shutterstock/StockLite; *4* Fotolia/WavebreakMediaMicro; 5 Colourbox – **S. 123** *links, rechts* Shutterstock/Wavebreakmedia – **S. 126** Cornelsen Schulverlage/Filma Media Productions – **S. 127** Cornelsen Schulverlage/Filma Media Productions – **S. 128** *v. oben n. unten*: Fotolia: JohanSwanePoel; HappyAlex; A9luha; Christian Nitz; Poligonchik

Mit freundlicher Genehmigung von:
S. 9 *h* E Reichelt Verwaltungsgesellschaft mbH – **S. 53** WDR, Gudrun Stockinger – **S. 95** Komische Oper Berlin; *rechts* Jürgen Hebestreit/Deutscher Jugendfotopreis/DHM – **S. 102** *1*. Emil-Cauer-Kulturfest Berlindabei – **S. 108** *oben links* Universitätsbibliothek Leipzig, Werner Drescher – **S. 113** *Mitte* Leipziger Messe GmbH, Stephan Hoyer

Karten: **U2** Cornelsen Schulverlage/Carlos Borell; **S. 11, 49, 51, 106** Cornelsen Schulverlage/Dr. V. Binder

Textquellen

S. 70 „Empfindungswörter" aus Beispiele zur Deutschen Grammatik, Rudolf Otto Wiemer, Wolfgang Fietkau Verlag, Kleinmanchnow – **S. 71** „Konjugation" aus Bundesdeutsch. Lyrik zur Sache Grammatik, Rudolf Steinmetz, Peter Hammer Verlag, Wuppertal 1974 – **S. 128** „Ich denke" Hans Manz – **S. 129** Statistisches Bundesamt, Forum der Bundesstatistik, Bd. 43/2004)

Reykjavik
IS
Atlantischer Ozean
IRL
Dublin
GB
London
Nordsee
N
Oslo
S
Stockholm
FIN
Helsinki
Tallinn
EST
Riga
LV
LT
Vilnius
DK
Kopenhagen
Ostsee
RUS
Moskau
Minsk
BY
Amsterdam
NL
Brüssel
B
L
Luxemburg
Paris
F
Berlin
D
PL
Warschau
Kiew
UA
Kaspisches Meer
Prag
CZ
SK
Bratislava
Wien
A
Bern
CH
FL
MD
Kischinew
Budapest
H
SLO
Laibach
Zagreb
RO
I
SRB
Belgrad
HR
BHI
Bukarest
Schwarzes Meer
P
Lissabon
Madrid
E
AND
MC
RSM
V
Rom
Sarajevo
MNE
RKS
Sofia
BG
Podgorica
Pristina
Skopje
Tirana
MK
AL
GR
TR
Mittelmeer
Athen
Valletta
M
0
500
1000 km
CY
Nikosia
Mittelmeer
Teilräume (Regionen) Europas
Nordeuropa
Westeuropa
Mitteleuropa
Südeuropa
Osteuropa
Südosteuropa